Dieses Buch gehört:

Das Kochbuch aus der Schweiz

von Hanns U. Christen

verlegt von
Wolfgang Hölker

ISBN: 3-88117-436-2

Martinistrasse 2, D-4400 Münster
Auslieferung Schweiz: Baumgartner Bücher
Binzstrasse 5, CH-8953 Dietikon-Zürich

Gesamtherstellung: Druckhaus Cramer, Greven
Imprimé en Allemagne.
Musterschutz angemeldet beim Amtsgericht Münster.

Inhalt

fig. 1

Was ist Küche in der Schweiz?

Solothurn

Klug wie er ist, hat der Verleger dieses Buches ihm nicht den Titel gegeben „Schweizer Küche". Er nennt es vielmehr weise „Das Kochbuch aus der Schweiz". Eine allgemeine Schweizer Küche gibt es nämlich überhaupt nicht – und wie sollte man ein Buch über etwas schreiben, das nicht existiert?

In der Schweiz gibt es zwar eine weltberühmte, hohe Ansprüche erfüllende Gastronomie samt zugehörigem vorbildlichem Service. Ausnahmen sind selten und bestätigen die Regel. Es gibt aber keine einheitliche Küche, und das hat viele Gründe. Zunächst politische. Die Schweiz ist umringt von fünfmal Ausland: von der Bundesrepublik Deutschland, von Liechtenstein, Österreich, Italien und Frankreich. Dann geographische: Die Alpen und der Jura teilen die Schweiz in Gebiete, die sich in Landschaft, Boden und Klima stark voneinander unterscheiden. Dann kommt die Bevölkerung: den vier Sprachen der Schweiz entsprechen auch verschiedene Charaktere des Volkes.

Das sind die grossen Züge. Dazu kommen die kleinen Unterschiede, die in der Schweiz ungemein stark ausgeprägt sind. Sie zeigen sich nicht nur darin, dass nahezu alle paar Kilometer eine andere Art Sprache gesprochen wird – sie blühen auch schönstens in einer Unzahl weiterer kleiner, aber ungeheuer wichtiger Feinheiten. Das alles wirkt sich auf die Küche und auf die Essgewohnheiten aus. Dann kommt dazu der Unterschied zwischen Städten und Land. Und schliesslich sind die fünf Staaten, von denen die Schweiz (meist freundschaftlich) umzingelt wird, auf gastronomischer Ebene auch keine Einheiten. In den Nachbargebieten Badens isst man anders als im Elsass, im französischen Juragebiet anders als in Savoyen, in Oberitalien, nahe dem Tessin, anders als in Südtirol in der Nähe des Engadins. Kommt dazu, dass die Schweiz durch Jahrhunderte ein armes Land war, das seine eigene Bevölkerung nicht zu ernähren vermochte, weshalb grosse Scharen von Schweizern als Wirtschaftsflüchtlinge auswanderten und – falls sie zurückkamen – Rezepte und Gewohnheiten mit nach Hause brachten. Und als die Schweiz in erstaunlicher Freundlichkeit ihre Grenzen für Ausländer öffnete, die wegen religiöser oder politischer Gründe verfolgt wurden und genug Geld mitbrachten, kamen neue kulinarische Impulse hinzu.

Kurz: Es gibt auf der ganzen Welt kein zweites Land, in dem so viele und so verschiedenartige Einflüsse auf die Küche und auf die Tafelsitten eingewirkt hätten wie in der Schweiz.

Das hatte natürlich Folgen. In der Schweiz waren die verschiedensten Zutaten und Gerichte schon heimisch, als man rings herum von ihnen noch nicht einmal den Namen kannte. In der Schweizer Küche waren Tomaten verbreitet, als man anderenorts noch des Glaubens war, sie seien giftig oder mindestens Erreger unkeuscher Gedanken. Als man in Baden noch ganze Schulklassen zu einem Maisfeld führte, um ihnen diese exotische Pflanze vorzuführen, hatte Mais im Tessin längst den vorher üblichen Buchweizen in der Polenta verdrängt. Gar nicht zu reden vom Käse und von der Milchschokolade, bereits im letzten Jahrhundert grosse Exportprodukte der Schweiz und erst recht spät auch im Ausland nachgeahmt – mit recht unterschiedlichem Erfolg. In der Schweiz blühen die Küchen und die Zutaten, und das hat zu einem überdurchschnittlichen kulinarischen Verständnis bei der Bevölkerung geführt. So war es noch vor kurzem in der Schweiz fast nicht möglich, in irgend einem Restaurant oder Gasthof schlecht zu essen. Das hat sich inzwischen geändert. Ich kann Ihnen ohne Nachdenken ein Dutzend von Gaststätten aufzählen, in denen Sie mindestens so schlecht essen wie irgendwo sonst auf der Welt – nur mit schweizerischer Präzision weiter verschlechtert ...

Wenn man Rezepte aus Schweizer Küchen schreiben will, kann man sich an die politischen Grenzen halten: an die Kantone. Sie beginnen mit Aa(rgau) und enden mit Zü(rich). In politischen Belangen sind die Kantone der Schweiz sehr, sehr selbständig und eigenwillig. In der Küche sind sie es aber viel weniger. Das kommt natürlich daher, dass die politischen Grenzen der Kantone keine menschlichen Grenzen sind, weshalb in der Schweiz munter über sie hinweg geheiratet wird – und das verwischt die Grenzen der Küchenpraktiken. Nicht einmal die grossen Unterteilungen des Landes nach Sprachen trennen die Kochgewohnheiten noch voneinander. Vor einer Generation musste man Restaurants mit dem Namen „Bündnerstube" aufsuchen, wenn man in Basel eine Bündner Gerstensuppe essen wollte, und in Zürich existierten spezielle Wirtschaften, die Fondue als etwas Exotisches vom

Genfersee servierten. Das ist seither völlig anders geworden. Man isst nahezu alles allüberall in der Schweiz.

Viele der Gerichte erinnern jedoch noch sehr an die Gegenden, aus denen sie stammen. Auch in der Schweiz war es früher ja so: man ass, was man hatte, und das bezog man aus dem eigenen Garten, aus dem Laden an der Ecke oder vom Markt, auf dem die Bauern der Nachbarschaft ihre Erzeugnisse feilboten. Man ass also, was in der eigenen engsten Gegend wuchs. Was zwangsläufig dazu führte, dass jede Gegend andere Produkte verwendete – und die erforderten natürlich auch andere Rezepte. Wenn man früher durch die Schweiz reiste, bekam man alle paar Meilen andere Volksgerichte vorgesetzt. Viele der Rezepte haben sich erhalten und gelten inzwischen als regionale Spezialitäten, aber zubereiten kann man sie eigentlich überall. Nur ganz wenige Erzeugnisse sind heute nicht im ganzen Land erhältlich. Am ehesten betrifft das vielleicht noch die vielen Käsesorten, die hier und dort von lokalen Käsern hergestellt werden und zu geringe Quantitäten ergeben, als dass sich ihr Versand in andere Landesteile lohnen würde.

Das „Kochbuch aus der Schweiz" ist nicht nur eine Rezeptsammlung mit möglichst vielen Nummern. Solche Kochbücher gibt's in grossen Mengen – wieso also noch eines dieser Art schreiben? Was das Buch Ihnen geben möchte, ist eine Auswahl von Rezepten für typisch schweizerische Speisen aus den verschiedensten Landesgegenden, und wo es notwendig ist, bekommen Sie auch noch allerlei Informationen mit, wie Ursprung, Geschichte etc. So finden Sie zum Beispiel im Kapitel „Fondue" nicht ein paar knappe Rezepturen, sondern es ist nahezu eine Monographie über Fondues geworden, die Ihnen etwas von der Philosophie sowie der Praxis vermitteln möchte, die hinter etwas scheinbar so Einfachem wie den Fondues steckt.

Gerade einfache Speisen, wie sie in einem „Kochbuch aus der Schweiz" vorkommen, verlangen beste Grundprodukte und Zutaten. Wenn Sie gewöhnt sind, das Billigste einzukaufen, werden Sie an schweizerischen Rezepten nicht viel Freude haben. Speisen, an denen nicht viel herumgewürzt wird, erfordern Zutaten mit kräftigem, vollem Eigengeschmack. Sie sind heute immer seltener zu finden, aber das Suchen nach ihnen lohnt sich. Man hat vieles aus den verschiedensten Gründen durch Industrieprodukte ersetzt, die naturgemäss einen möglichst gleichmässigen Geschmack haben müssen, der allen behagen soll. Verzichten Sie bitte auf diese Standardprodukte! Verwenden Sie Naturprodukte von Erzeugern, die nicht auf Menge ihrer Produktion sehen, sondern auf Qualität. Man findet sie mehr und mehr. Ihre Adressen sind oft noch Geheimtips, aber das wird sich in den nächsten Jahren ändern, glaube ich. Dafür sorgt schon die hohe Gastronomie, die ja auch solchen Produkten den Vorzug gibt – und was die tut, bleibt nicht lange geheim!

Sie finden unter den verschiedenen Kapiteln auch Hinweise auf Schweizer Weine. In der Schweiz sind Weine kein Luxus, den man an Fest- und Feiertagen ausschenkt: Sie gehören zu jedem Essen. Und zwar nicht zum Löschen des Durstes, aber als Ergänzung des Geschmacks. Es wird auch oft mit Wein gekocht, ja, ein paar der wichtigsten Gerichte sind ohne Wein gar nicht zuzubereiten. Nicht nur die Fondues – auch anderes. Wenn ich in einem Rezept Wein als Zutat nenne, so bitte ich Sie, ihn nicht wegzulassen. Selbst Abstinente können mit Wein kochen: sobald er mehr als 80 °C heiss wird (und das wird er beim Kochen selbstverständlich!), verdampft sein gesamter Alkohol. Zurück bleiben aber der Geschmack und das Aroma des Weines, die für das Gericht notwendig sind.

Es kann sein, dass Sie bereits andere Kochbücher mit Rezepten aus der Schweiz besitzen. Wundern Sie sich bitte nicht, wenn deren Angaben nicht haargenau denen in diesem Buch entsprechen! Rezepte von Schweizer Spezialitäten sind meistens Grossmutterrezepte – und Grossmütter sind zum Glück sehr, sehr verschieden ...

–sten

fig. 2

Es gibt nicht nur ein(e) Fondue!

Vevey

Die bemerkenswerteste aller Speisen in der Schweiz heisst Fondue. Grammatikalisch gesehen ist Fondue die Vergangenheit von „fondre", was „schmelzen" auf Französisch heisst. Fondue bedeutet also: das Geschmolzene. Wo nichts geschmolzen wurde, sollte es also gar kein Fondue geben. Was alle in den letzten Jahren aufgetauchten Gerichte, die sich auch Fondues nennen, eindeutig als „Fälschung" entlarvt: Fondue Bourguignonne, Fondue Chinoise, Fondue Bacchus – und wie sie noch heissen mögen. Was sie mit Fondue gemeinsam haben, ist nur das: Man isst sie aus einem Topf, der auf einem kleinen Kocher steht, und jeder tunkt irgend etwas Passendes hinein und geniesst es, sobald es in der Flüssigkeit im Topf gar geworden ist. Bei Fondue Bourguignonne ist das Filet vom Rind, in Öl gebraten – bei Fondue Chinoise wird Kalbfleisch in Hühnerbouillon gegart – und Fondue Bacchus schliesslich ist irgend etwas, das in kochendem trockenen Weisswein zubereitet wird. Der Name „Fondue" ist für alle diese gewiss sehr wohlschmeckenden und unterhaltenden Speisen also völlig falsch. Aber was kann man tun gegen falsche Bezeichnungen, die sich bereits in der Gastronomie etabliert haben?

Darüber hinaus müssen wir hier noch ganz kurz ein weiteres sprachliches Problem streifen: heisst es *die* Fondue, oder heisst es *das* Fondue? Wo man französisch spricht, also in der Westschweiz, ist das gar kein Problem. Dort heisst es selbstverständlich, gemäss der Grammatik: la Fondue – die Fondue. In der italienisch sprechenden Schweiz sagt man entsprechend: la Fondue, wenn nicht sogar auf Italienisch „la fonduta". In den deutsch sprechenden Gebieten der Schweiz aber hat es sich eingebürgert, „das Fondue" zu sagen. Wie Sie es halten wollen, überlasse ich Ihnen. Ich selber sage „die Fondue". Es widerstrebt meinem Sprachgefühl, „das" zu sagen.

Was ist an Fondue so bemerkenswert? Eigentlich ist Fondue ja gar keine Speise, sondern eine Geisteshaltung. In keinem anderen Land Mitteleuropas gibt es heute noch weit verbreitete Gerichte, die sich ein paar Leute mit ihren Esswerkzeugen aus einem gemeinsamen Topf holen. Überall ist man längst dazu übergegangen, diese barbarische Sitte früherer Zeiten als ebenso unvornehm wie unhygienisch anzusehen. Man serviert auf Tellern, nicht wahr? Jeder bekommt seine Portion oder holt sie sich aus Schüsseln und von Platten. Auch in der Schweiz isst man längst überall genau so vornehm. Nur eben nicht, wenn's Fondue gibt.

In der Schweiz betrachtet man Fondue als eine kulinarische Auswirkung der volksverbundenen Demokratie und des fehlenden Standesunterschieds. Darüber kann man philosophieren. Tatsache ist, dass Fondue in der Schweiz deutscher Sprache erst seit knapp einer Generation weit verbreitet ist. Vorher war Fondue eine Spezialität der „Suisse Romande", der Schweiz französischer Sprache. Fondue fing dort an, wo Französisch als Umgangssprache auch anfing. Ich habe es noch erlebt, dass ich in einem Ort knapp diesseits der Sprachgrenze im Wirtshaus eine Fondue bestellte, und der Wirt sagte: „Wenn Sie das möchten, müssen Sie ins nächste Dorf gehen – wir machen das bei uns nicht!" Das hat sich geändert, seit in der deutschsprachigen Schweiz ein grosser Werbefeldzug den Verbrauch an einheimischen Käsen vermehren sollte. Da kam jemand auf die glänzende Idee, den Deutschschweizern Fondue mundgerecht zu machen. Und zwar mit einem Wort, das niemand kannte, das aber sofort wie ein Lauffeuer durchs ganze Land ging. Es lautete: Figugegl. Ein Wort, das es nicht gab. Ein Wort, das aus den Anfangsbuchstaben von Wörtern bestand, die den Satz bildeten: Fondue ist gut und gibt eine gute Laune. Figugegl. Seit diese Kampagne in der Schweiz einschlug wie ein Dutzend Blitze, gehört Fondue allüberall auch in der deutsch sprechenden Schweiz zu den Alltäglichkeiten. Und der Käseverkauf hat um ein paar Kilo pro Kopf und Jahr zugenommen ...

Eine richtige Fondue besteht aus ganz einfachen Dingen: aus durchgegorenem, ungesüsstem Weisswein – aus Schweizer Hart- und Halbhartkäsen – aus Knoblauch, Pfeffer, Maismehl und Kirschwasser. Der Wein muss eine ansehnliche Säure aufweisen, sonst funktioniert's nicht. Ist er zu mild, muss man den Saft einer halben Zitrone (auf vier Portionen) zugeben. In der Schweiz wird in Käsegeschäften spezieller Fondue-Wein angeboten. Ausserdem gibt's dort fertige Fondue-Mischungen, die aus geriebenen oder zerschnittenen Käsesorten bestehen, wie sie für Fondue am besten passen.

Was Sie noch brauchen? Einen kleinen Spiritus- oder Gasbrenner, der schön genug ist, dass man ihn auf den gepflegten Tisch stellen kann. Man nennt ihn „rechaud", was eigentlich „Aufwärmer" heisst. Der kleine Kocher muss eine regulierbare Flamme haben. Dann brauchen Sie einen flachen Stieltopf. In der Schweiz nennt man ihn „Fonduepfanne" oder auf Französisch „caquelon". Früher bestand er aus jedweder Art Keramik, innen und aussen gut glasiert. Heute verwendet man Gusseisen-Caquelons, die ebenfalls glasiert sind. Sie lassen sich nicht nur leichter reinigen. Weil das Metall die Hitze der Flammen besser verteilt, brennt in ihnen die Fondue nicht so leicht an. Und weniger zerbrechlich sind sie auch. Wenn Sie so ein Gusseisenemail-Ding kaufen, wählen sie ein sehr solides. Nicht das billigste mit dünnem Boden und noch dünneren Wänden! Das Metall muss, wie gesagt, Wärme leiten, und das tut es um so gleichmässiger und besser, je dicker es ist. Dennoch ist Aluminium ebenso ungeeignet wie Chromstahl. Warum – das wissen die Götter. Aber es ist so.

Das Grundrezept für Fondue lautet:

Zuerst das Gefäss mit einer angeschnittenen Knoblauchzehe ausreiben. Dann den Wein einfüllen, den Käse in den kalten Wein einrühren, langsam erhitzen und zum Kochen bringen. Unaufhörlich RÜHREN! Das Rühren ist am allerwichtigsten bei der Fondue. Ohne ständiges Rühren entsteht keine gleichmässige

Käseschmelze, sondern der Käse bildet einen dicken Klumpen, über dem hilflos der Wein steht. Drum: RÜHREN!

Ob Sie Ihre Fondue auf dem Spritkocher am Tisch zubereiten oder in der Küche auf dem Herd, spielt keine Rolle. Tun Sie's so, wie es Ihnen gefällt. Bevor Sie mit der Zubereitung der Fondue beginnen, geben Sie einen gestrichenen Kaffeelöffel Maismehl (Stärkemehl) in ein Liqueurglas und verrühren es mit Kirschwasser. Nicht mit süssem Kirschliqueur, bitte. Mit richtigem Kirschwasser, ohne Süsse. Sobald die ständig gerührte Käse-Wein-Masse gleichmässig wird und zu kochen beginnt, rühren Sie den Inhalt des Gläschens rasch auf und mischen ihn in die Fondue. Kirsch und Maismehl sind wichtig! Der Kirsch gibt der Fondue die letzte Feinheit im Aroma – wir sagen: Er gibt der Fondue den letzten Gigs. Das Maismehl bindet die Fondue. Nehmen Sie bitte nur einen Kaffeelöffel voll Maismehl, gestrichen, nicht gehäuft. Kirsch hingegen dürfen Sie ruhig mehr nehmen, wenn es Ihnen gefällt.

„Halt", werden jetzt ein paar Leser sagen, „wie ist das mit dem Alkohol? Wein und Kirsch – das gibt doch Promille, oder?" Es ist so mit dem Alkohol: Wein enthält vorwiegend Wasser (aus den Trauben, nicht aus der Leitung!). Wasser siedet bei 100 °C, in grösseren Meereshöhen nimmt die Siedetemperatur ab. Alkohol hingegen siedet schon bei 20 °C weniger. Bevor die Fondue kocht, ist der Alkohol bereits verdunstet. Warum man dann Wein verwendet? Weil Wein eben das wichtige Aroma und den noch wichtigeren Geschmack für die Fondue mitbringt. Man könnte Fondue unschwer mit Zitronenwasser machen. Aber dann ist's halt keine Fondue. Weil in der Fondue nur noch winzige Spuren von Alkohol vorhanden sind, können auch Kinder und motorisierte Verkehrsteilnehmer Fondue ohne Bedenken essen.

Zur Fondue isst man in der Schweiz nur eines: Brot. Hier scheiden sich die Geschmäcker. Die einen bevorzugen Weissbrot, am besten nach französischer Art gebacken, mit sehr luftiger Krume und knuspriger Rinde. Die anderen wählen dunkleres Brot (Graubrot). Auch knusprige Brötchen werden sehr gern zu Fondue gegessen.

Hier ein Wort für die Hausfrau. Im Restaurant bekommen Sie in der Schweiz das Fonduebrot bereits geschnitten, in mundgerechten Stücken in einem Körbchen serviert. Das ist nicht nur schweizerischer Service, der den Gästen die Arbeit abnimmt, es spart auch (teure) Fondue. An den glatten Schnittflächen des Brotes bleibt nämlich weniger Fondue hängen. Resultat: der Gast isst mehr (billigeres) Brot und weniger (teurere) Fondue. Das können Sie zuhause auch so halten. Wenn Sie sehr gefrässige Gäste haben, schneiden Sie das Brot im voraus. Wenn Sie jedoch Gäste haben, die ihren Appetit bezähmen können, oder wenn Sie Fondue für die liebe Familie zubereiten, dann geben Sie Brotscheiben. Die kann sich jeder nach Belieben selber mundgerecht zerkleinern. Das spart Ihnen Arbeit. Die unregelmässigen Bruchflächen halten viel mehr Fondue fest. Pro Bissen isst man dann also wesentlich mehr Fondue – und weniger Brot.

Wie isst man Fondue? Wir haben schon darüber gesprochen: aus einem einzigen Topf, in den jeder seine Brotbröckchen hineinhält, die an einer Gabel befestigt sind. Man hält sie nicht nur einfach so still und leise hinein – nein: Jeder hat die Pflicht, mit seinem Bissen in der Fondue zu rühren! Die Richtung spielt überhaupt keine Rolle. Nur gerührt werden muss. Man kann natürlich gewöhnliche Tischgabeln verwenden. Mit der Zeit wird ihr Griff etwas heiss. In der Schweiz verwendet man daher besondere Fondue-Gabeln, die erstens einen Holzgriff haben, der nicht heiss wird. Zweitens besitzen sie nur drei Zinken, und diese Zinken haben kleine Widerhaken. Die sind sehr sinnvoll. Wem nämlich ein Brotbrocken von der Gabel in die Fondue fällt, der/die muss dafür büssen. Als Mann zahlt er eine Flasche Wein. Als Frau kommt's billiger: die Brocken-Verliererin muss jedem Mann am Tisch pro Brocken einen Kuss geben. Über die Intensität des Kusses bestehen keine Vorschriften; der Privatinitiative sind da keine Grenzen gesetzt. Es empfiehlt sich jedoch, die Dauer nicht allzu sehr auszudehnen, sonst essen die andern inzwischen die Fondue weg.

Da auch Kinder Fondue essen, hat man für sie eine dritte Art des Büssens eingeführt. Früher mussten sie ein Liedchen singen. Das hat manchmal die musikalischen Ohren der Esser allzu stark strapaziert, und heute kennen Kinder leider auch Liedlein mit weniger tafelreinen Texten, die den Fonduegenuss stören könnten. Drum hält man's heute so: Pro verlorenem Brotbrocken muss das Kind je eine Fonduegabel waschen. Da sich an der Gabel meistens etwas Käse festklammert, ist das Abwaschen gar nicht so einfach. P.S.: Es ist ein Zeichen für schlechten Lebensstil, wenn man heimtückisch anderen beim Fondue-Essen das Brot von der Gabel streift, mit der sie in der Käsemasse rühren.

„Und der Pfeffer?" fragen Sie jetzt ungeduldig. Normalerweise kommt Pfeffer nicht in die Fonduemischung, solange man sie zubereitet. Man pfeffert die Fondue erst am Tisch, und zwar mit schwarzem Pfeffer aus der Mühle, die man grob einstellt. Dann bekommt die Fondue das angenehme Pfefferaroma, ohne pfeffrig-scharf zu schmecken.

Noch ein Tip für die Hausfrau: Wie reinigt man nach dem Essen einen Fonduetopf? Bitte merken: niemals heisses Wasser einfüllen! Füllen Sie den Topf, der ja noch immer Käsereste enthält, mit kaltem Wasser und lassen sie ihn eine Stunde lang ruhig stehen. Wenn Sie flüssige Seife haben, können Sie davon einen Esslöffel zugeben. Aber keine anderen Spülmittel verwenden! Nach einer Stunde reiben Sie mit einem Topfreiniger und leicht lauwarmem Wasser den aufgeweichten Käse aus dem Topf. Reiben Sie nach mit einem Scheuermittel, mit Hilfe eines Lappens und etwas handwarmem Wasser. Erst dann können Sie mit wärmerem Wasser und Seife den Topf endgültig säubern. Die üblichen Spülmittel mit Detergenzien eignen sich zum Reinigen von Fonduetöpfen überhaupt nicht. Am allerbesten ginge es mit Seife, Soda und Sand. Aber wer hat so etwas Altmodisches noch in der Küche?

Bevor Sie aber den Fonduetopf reinigen, haben Sie ihn bereits am Tisch vorgereinigt. Vornehmer ausgedrückt: Sie haben das Zweitbeste an der Fondue gegessen. Das ist die Kruste, die sich am Boden des Topfes bildet, wenn Sie zweierlei getan haben:

1. gut gerührt, aber dabei nicht den Topfboden abgekratzt;
2. die Flamme des Kochers immer so eingestellt, dass die Fondue zwar nahezu, aber nicht wirklich zum Kochen kam.

Die Kruste besteht aus angebackenem Käse und schmeckt besonders würzig. In der französisch sprechenden Schweiz nennt man sie „La religieuse", was man mit „Nonne" übersetzen kann. Warum – das weiss niemand. Vom Boden lösen kann man die Kruste nur, wenn die Flamme unter dem Topf noch brennt. Andernfalls klebt sie rettungslos am Topfboden fest. Am besten macht man's so: man lockert rings herum die Kruste vorsichtig mit der Gabel oder mit einem vorne abgerundeten Messer und hebt sie darauf langsam, aber entschlossen mit Hin- und Herbewegungen ab. Dann legt man sie auf einen Teller und zerteilt sie – jeder bekommt eine Portion. Nicht mit dem Messer zu schneiden versuchen – das funktioniert nicht. Der Fachmann sticht vielmehr mit der Gabel senkrecht in die Kruste und perforiert sie, dann kann man sie leicht auseinanderbrechen. Mit Pfeffer aus der Mühle schmeckt die Kruste herrlich – jedenfalls für Käsefreunde. Aber wer sonst isst Fondue? Bitte, verbannen Sie Tomatenketchup, Mayonnaise und andere Beilagen vom Tisch ...

Eine wichtige Sache: Was trinkt man zur Fondue? Früher hiess es: Man trinkt überhaupt nichts dazu, sondern erst nachher. Das hat sich längst als falsch erwiesen. Zur Fondue trinkt man entweder Weisswein oder Tee. Der Weisswein muss natürlich völlig trocken sein, das heisst durchgegoren und ungesüsst. Am besten schmeckt ein Schweizer Weisswein vom Typ Dorin, Fendant oder Neuenburger, aus Gutedeltrauben (Chasselas) gekeltert, oder ein Elsässer Sylvaner. Er soll nicht so kühl sein, wie man ihn sonst zu trinken gewöhnt ist. Etwa 10 Grad sind richtig. Tee wird als Getränk zur Fondue natürlich nicht gesüsst, aber etwas Milch kann nicht schaden. Auf gar keinen Fall trinkt man zur Fondue Bier, auch nicht Mineralwasser oder Champagner, Sekt, Vin Mousseux, Spumante oder ein anderes Getränk mit Kohlensäure. Das wäre geradezu ein kulinarisches Verbrechen.

Hingegen ist es üblich geworden, auch Rotwein zur Fondue zu servieren. Er muss arm an Gerbstoffen sein, weil sonst der Käse im Magen gehärtet und schwer verdaulich wird. Also wählt man: Schweizer Rotweine aller Art, Beaujolais, ungesüsste badische oder Württemberger Rote, trockene Rotweine aus dem Südtirol oder von den Côtes de Provence. Auch Elsässer Pinot Noir eignet sich.

Was sagen Sie da – ich hätte viel zu viel über die Fondue geschrieben? Bitte glauben Sie mir: Fondue ist nicht nur eine Speise und eine Geisteshaltung, sondern auch eine Erfahrungssache. Erfahrungen kann ich Ihnen mit auf den Weg geben, und Sie werden sie schätzen, weil Sie sodann mehr Genuss an Ihren Fondues haben werden!

Doch jetzt zu den Rezepten!

Neuenburger Fondue – die klassische Art

4 dl Weisswein (trocken), 1 gestr. Kaffeelöffel Maismehl, 1 Kaffeelöffel Zitronensaft, 400 g echter Emmentaler Käse (gerieben), 400 g echter Schweizer Gruyère/Greyerzer Käse (gerieben), Kirschwasser, Pfeffer, Muskatnuss, 1 Knoblauchzehe

Der trockene Fonduetopf wird mit der angeschnittenen Knoblauchzehe ausgerieben. Den Wein einfüllen, Zitronensaft und wenig Pfeffer aus der Mühle damit verrühren. Den Käse einmischen. Auf kleiner Flamme unter ständigem Rühren mit einem Holzlöffel so lange erwärmen, bis die Masse zu kochen beginnt. Das mit Kirsch angerührte Maismehl einmischen, nach Belieben mit Pfeffer aus der Mühle würzen. Sofort auf den Kocher geben und mit dem Essen beginnen. Stets rühren!

Waadtländer Fondue

Die Zutaten und die Zubereitungsart sind genau gleich. Doch der Käse ist anders: man verwendet nur Gruyère (Greyerzer Käse), von dem 400 g jung, 400 g aber recht gut ausgereift sein müssen. Da hilft nur ein erfahrener, gut bestückter Käsehändler!

Fondue halb und halb

Auch hier bleibt alles gleich – nur der Käse nicht. Verwenden Sie 400 g Greyerzer Käse und 400 g Fryburger Vacherin. Dieser Käse aus dem Kanton Freiburg ist sehr würzig, aber leider nicht überall zu haben. In der Schweiz finden Sie ihn in allen guten Käsegeschäften.

Appenzeller Fondue

Ehrlich gesagt, im Kanton Appenzell kennt man Fondue erst seit wenigen Jahren. Aber der Appenzeller Käse, der hineingehört, ist seit vielen Jahrhunderten eine Spezialität. Das Rezept bleibt unverändert, nur verwenden Sie statt Wein einen gut sauren Apfelwein und als Käse je 250 g vollfetten Appenzeller Käse, Emmentaler und Greyerzer Käse. Den Greyerzer können Sie durch Fryburger Vacherin ersetzen.

Wichtig: Fryburger Vacherin ist ein Halbhartkäse. Man darf ihn nicht verwechseln mit Vacherin Mont d'Or, der ein Weichkäse mit Rotschimmelrinde ist.

Vacherin Mont d'Or

Aus diesem Vacherin Mont d'Or macht man eine andere Art Fondue mit folgenden Zutaten:

800 g Vacherin Mont d'Or, 4 dl Milch, 1 Knoblauchzehe, Pfeffer aus der Mühle

Der Fonduetopf wird mit der angeschnittenen Knoblauchzehe ausgerieben. Die Milch einfüllen, leicht erwärmen und dann portionsweise den von seiner Rinde befreiten Vacherin Mont d'Or einmischen. Vorsicht beim Aufkochen, dass die Masse nicht überschäumt! Der Vacherin-Käse hat einen leicht bitteren Geschmack und duftet kräftig nach der Tannenrinde, mit der man den Käse zum Reifen umgibt. Nicht jedermanns Sache!

Fondue auf viele Arten sind in der letzten Zeit üblich geworden. Der Mensch kann ja bekanntlich nichts Perfektes in Ruhe lassen – er muss es, einem inneren Drang folgend, weiter perfektionieren. Fast immer wird es dadurch weniger perfekt. Das geschieht auch mit Fondues, die man „verbessern" möchte. Gewiss, man kann in jede Fondue würzende Zutaten geben wie Morcheln, Trüffel, Dill, Basilikum, Schnittlauch, Perlzwiebeln, Essiggürklein, Speckwürfel, Sardellenpaste, gehackten Räucherlachs, Bündnerfleisch und was-weiss-ich-sonst-noch-alles. Man kann. Aber soll man? Ich finde: Nein, man soll nicht. Aber wenn's Ihnen und Ihren Gästen schmeckt – warum sollen Sie dann nicht? Auch mit anderen Käsesorten kann man Fondues verändern. Voraussetzung ist nur, dass diese Käse schmelzen. Ich möchte Ihnen jedoch davon abraten, Harzer Käse zu verwenden, oder vollreifen Limburger ...

Ein letztes Wort: Unter dem Vorwand, Fondue sei schwer verdaulich, haben sich die Schnapsfabrikanten in die Sache eingeschaltet und seit langem empfohlen, in der Mitte jeder Fondue und nochmals am Ende je ein Gläslein Schnaps zu trinken. Kirschwasser, Hefeschnaps, Gin, Cognac, Marc de Bourgogne, Kräuterschnaps – alles, was nicht gesüsst ist. Inbegriffen Korn und Kümmel. Da der Mensch keine Gelegenheit auslässt, sich in solchen Sachen beraten zu lassen, trank man also früher munter Schnäpse während und nach der Fondue. Nun ist aber eine Fondue überhaupt nicht schwer verdaulich. Sie hat nur einen anhaltenden Sättigungswert. Beim Essen merkt man's noch nicht. Aber nachher hat man keinen Hunger mehr. Schnaps zum Verdauen ist daher unnötig. Und Schnaps hat bekanntlich viel Alkohol. Lassen Sie den Schnaps drum lieber weg. Ausgenommen Kirsch: den können Sie auch während des Essens in die Fondue rühren. Er verbessert deren Geschmack, und der Alkohol verdunstet ja sofort ...

fig. 3

Käse, an der Glut geschmolzen: Raclette

Sitten

In grauer Vorzeit, so vor drei, vier Jahrhunderten, soll einmal im Kanton Wallis ein Bauer seinem Nachbarn das Haus angezündet haben. Diese Art von freundnachbarlicher Schlichtung kleiner Streitigkeiten war damals beim rauhen Volke der Walliser keine Seltenheit. Der Nachbar hatte jedoch in seinem Haus ein Lager von kräftigen, ausgereiften Käsen angelegt, und als die nun in der Brandhitze schmolzen, verbreitete sich bald ein gar artiger Duft im Dorf. Alle, die nicht mit dem Löschen beschäftigt waren, kamen herbeigeeilt, die Löschenden hielten in ihrer ohnehin aussichtslosen Tätigkeit inne: zusammen strichen sie sich den geschmolzenen Käse aufs Brot und fanden ihn vorzüglich. So ist, der Legende nach, die Raclette entstanden.

Ob's wahr ist, sei dahingestellt. Möglich ist im Wallis alles. Der Name Raclette jedoch deutet auf einen harmloseren Ursprung hin. Das französische Wort „racler" bedeutet schaben, und Raclette ist etwas, das man abgeschabt hat. Nämlich von einem Käselaib. In einer Feuersbrunst geschmolzener Käse wird aber nicht abgeschabt – der läuft von alleine davon. Womit wir bereits bei der Technik der Raclette angekommen wären.

Eine richtige Raclette macht man so: Man baut im Freien oder in einem Cheminée ein gutes Holzfeuer auf und lässt es so lange abbrennen, bis nur noch die Glut vorhanden ist. Dann halbiert man einen Laib passenden Käses und hält die Schnittfläche in Nähe der Glut. Der Käse schmilzt. Worauf er mit einem Messer abgeschabt und verteilt wird. Man isst Raclette in kleinen Portionen, so wie der Käse jeweils schmilzt, und geniesst dazu Schalkartoffeln (heiss), Essiggürkchen, Essigzwiebeln und viel frisch gemahlenen schwarzen Pfeffer sowie kräftiges Schwarzbrot – aber keinen Pumpernickel, bitte.

Raclette ist also eine der einfachsten Speisen, die man sich überhaupt vorstellen kann. Dennoch ist Raclette nicht leicht zu bereiten. Das Problem ist nämlich, den richtigen Käse zu finden. Er muss halbhart sein, aber vollfett, muss kräftig duften, würzig schmecken und bereits eine gute Reife erreicht haben. Im Wallis ist das überhaupt kein Problem. Dort gibt es Sorten wie den Val de Bagne, den Gomser und ein paar andere einheimische Käse, die sich ausgezeichnet für Raclette eignen. In der übrigen Schweiz lässt sich's auch noch machen, weil es pflichtbewusste Käsehändler gibt, die in ihren Geschäften solche Käse führen, wenn auch manchmal etwas zu wenig reif.

Gewiss, fast überall gibt es sogenannte Raclette-Käse. Sie kommen vorwiegend aus Frankreich oder aus den italienischen Alpen bei Aosta, schmelzen in der Hitze gemütlich vor sich hin und erinnern von fern an richtige Käsesorten. Eine Raclette aus diesen Käsen aber ist himmelweit verschieden von einer Raclette aus würzigem Walliser Käse! Nützen Sie gegebenenfalls einen Aufenthalt im Wallis zum Kauf von Walliser Raclettekäse, damit Sie einen Vorrat haben.

Nicht jedermann kann im Freien ein Feuer anzünden, um an dessen Glut dann Raclette zuzubereiten. Und noch längst nicht jeder geniesst in der Wohnung die Vorteile eines offenen Kamins. Die Industrie, die kluge, hat daher elektrische Raclette-Öfchen geschaffen, vor deren glühenden Heizdrähten man Käse schmelzen kann. Sie sind ein Ersatz. Echte Glut verbreitet ja nicht nur Hitze, sondern auch Aromastoffe. Die fehlen dem elektrischen Gerät. Aber wenn der Käse würzig ist, hilft das ein wenig darüber hinweg.

Es gibt – im Wallis – eine zweite Art Raclette. Die wird im Ofen zubereitet und heisst deshalb „raclette au four". Auch diese Raclette stellt keine Ansprüche an den Koch. Was tut man? Man heizt den Backofen voll an, schiebt in die Mitte einen Rost und stellt feuerfeste Portionenschalen darauf, in die man je eine nicht zu dicke Scheibe des passenden Käses legt. In kurzer Zeit ist er geschmolzen. Die heissen Schalen werden auf Tellern serviert. Auf dem Tisch stehen bereits Pellkartoffeln, Gürkchen und Zwiebeln in Essig (eingemacht, aber bitte ohne Zuckerbeigabe!) sowie dünne Scheiben von Schwarzbrot. Man isst diese „raclette au four" zügig, damit der Käse nicht erkaltet und dadurch hart wird. Diese Art Raclette hat den Vorteil, dass man sie für eine grössere Zahl von Gästen machen kann. Für so viele, wie Schälchen im Ofen Platz haben. Dass jeder seine Kartoffeln selber schält, ist Ehrensache.

Bei Raclette au Four zeigt es sich, was für eine Art Käse man gekauft hat. Ist er richtig, so schmilzt er und sondert dabei eine Portion Fett ab, die man dann mit der Kartoffel mischt und geniesst. Ist der Käse ungeeignet, so schmilzt er nicht, sondern er bekommt eine harte Kruste. Dann enthält er zu viel Eiweiss und zu wenig Fett. Viele Käsesorten, die an sich für Raclette geeignet wären, weisen das ungünstige Fett-Eiweiss-Verhältnis auf und eignen sich deshalb halt leider doch nicht.

Auch für diese Raclette gibt es elektrische Geräte, die man auf den Tisch stellen kann. Sie besitzen Schälchen für die Käsescheiben und sind recht zweckmässig. Im Ofen bekommt die Raclette ja auch keinen zusätzlichen Duft, wie sie ihn an der Holzglut bekäme, und deshalb sind diese Geräte ein sehr guter Ersatz für den Backofen. Zudem brauchen sie viel weniger Strom. Die neuesten Modelle nützen ihre eigene Wärme dazu aus, dass sie auch noch eine Grillplatte enthalten, auf der man – während der Käse schmilzt – Kleinigkeiten braten kann: Würstchen, Schinken, dünne Schnitzel und dergleichen. Die kann man essen, während man auf die nächste Portion Raclette wartet.

Man arbeitet im Wallis viel in den steilen Weinbergen, und das macht hungrig. Aber auch durstig. Frage: Was trinkt man zu Raclette? Antwort: Einzig und allein einen kühlen Weisswein ohne jede Süsse. Am besten schmeckt Walliser Fendant (Gutedel) oder der „Johannisberger" genannte Sylvaner aus dem Wallis. Der Walliser Johannisberger hat nichts mehr mit dem Schloss Johannisberg im Rheingau zu tun. Irgendwann aber sind von dort Stecklinge der Sylvanerrebe ins Wallis mitgebracht worden, worauf man sie anpflanzte und daraus einen schweren, vollmundigen Weisswein machte – und noch macht.

Wenn Sie Käse für Raclette einkaufen, so vergessen Sie bitte jeglichen Supermarkt! Nur ein wirklich spezialisierter, erfahrener Käsehändler kann Ihnen die geeigneten Käsesorten verschaffen. Sparen Sie auch nicht mit der Menge. Nach meinen Erfahrungen sind 200 g Käse pro Person das Minimum. In einem Basler Restaurant, dessen Wirt Jean Moser für seine gute Raclette berühmt ist, können die Gäste für einen festen Preis Raclette nach Belieben essen. Der Rekord stand kürzlich auf 26 Scheiben. Pro

Person! Also sehen Sie sich vor! Die beigegebenen sauren Sachen erhalten nämlich den Appetit während des Essens, und der kräftig auf jede Portion gemahlene schwarze Pfeffer regt ebenfalls an.

Tip für die Hausfrau: Raclette enthebt Sie den Problemen des Reinigens. Die Gäste putzen nämlich selbst die letzten Reste von Käse und Käsefett mit Brot aus den Schälchen. Dann genügt Abwaschen mit warmem Wasser und etwas Spülmittel vollauf.

Galerie von Gondo

fig. 4

Schweizer lieben gute Suppen

Lugano

Wie in allen Ländern mit überwiegend ländlicher Bevölkerung, gehörten auch in der Schweiz die Suppen zum Alltag der Familien. Ein grosser Suppentopf war fast das wichtigste Gerät in den Küchen. Wenn zwei junge Leute heirateten, kochte die Frau die erste Suppe im eigenen Heim in reichlicher Menge, und was davon gegessen wurde, das ersetzte sie von Tag zu Tag mit neuen Zutaten – was es halt gerade so gab im Garten, auf dem Feld oder auf dem Markt. Wenn das Paar dann zu Grosseltern geworden war, steckte (in der Theorie) noch immer ein winziger Rest der allerersten Suppe im grossen Suppentopf. In der Praxis war's natürlich anders. Die Hausfrauen bemühten sich, möglichst viele verschiedene Suppen zu kochen. Das war leichter und vor allem billiger, als bei den anderen Speisen viel Abwechslung zu bieten. Deshalb gibt es in der Schweiz unglaublich viele Suppenrezepte. Die meisten davon sind aber vergleichbar mit denen anderer Länder ähnlicher Struktur. Ich habe mich deshalb bemüht, möglichst typische schweizerische Suppenrezepte zusammenzutragen. Sie beginnen mit der Bündner Gerstensuppe, einer ganzen Mahlzeit aus dem Suppentopf.

Bündner Gerstensuppe

100 g Gerste, 1 Zwiebel, 1 Karotte, 1 Lauchstengel, ½ Sellerieknolle, 100 g Speck mit Schwarte, 50 g Bündnerfleisch oder Rohschinken, 50 g Butter, 1 dl Milch, 1 dl Vollrahm, 2 l Bouillon, Mehl, Salz, Pfeffer

Die Gemüse und die Zwiebel klein schneiden, das Bündnerfleisch in kleinste Würfelchen schneiden. In einem grossen Topf die Butter schmelzen, die Gemüse und das Fleisch darin anziehen lassen. Die Gerste einrühren und kurz mitdünsten. Etwas Mehl darüber verteilen, einen Augenblick warten und dann mit der Bouillon ablöschen. Gut rühren. Die Schwarte vom Speck abschneiden und in der Suppe mitkochen. Den Speck klein würfeln und beiseite stellen. Die Suppe 2 Stunden lang zugedeckt köcheln. Öfters rühren. Dann die Milch mit dem Rahm verrühren und in die Suppe geben. Den Speck beifügen, pfeffern und mit

Salz abschmecken. Zum Kochen bringen, die Speckschwarte herausnehmen und die Suppe servieren. Dazu reicht man Schwarzbrot.

Weisskrautsuppe

Eine andere urige Suppe wird aus Weisskraut (Kabis) gekocht und geht so:

1 Krautkopf, 1 Zwiebel, 100 g geräucherter Speck,
20 g Butter, 50 g Reis, 1½ l Bouillon, Salz, Pfeffer,
50 g geriebener Parmesan oder Bergkäse

Die Krautblätter werden von den dicken Stellen befreit und in sehr schmale Streifen geschnitten. Die grobgehackte Zwiebel wird im Suppentopf mit Butter glasig gedünstet. Das Kraut dazugeben und unter ständigem Wenden andünsten. Mit Bouillon ablöschen, zum Kochen bringen, 30 Minuten köcheln. Den kleingeschnittenen Speck und den Reis einrühren, pfeffern und nötigenfalls nachsalzen. Köcheln, bis der Reis gerade gar ist. Den geriebenen Käse getrennt zu dieser Suppe anrichten. Mit knusprigem Brot schmeckt die Suppe am besten.

Linsensuppe

Linsen gehörten in der Schweiz zu den wichtigsten Vorräten. Sie haben gegenüber getrockneten Erbsen und Bohnen den Vorzug, dass man sie nicht über Nacht einweichen muss – das ermöglichte es der Hausfrau, eine kräftige Linsensuppe aufzustellen, wenn unverhofft Besuch kam und zum Essen blieb. Die übrigen haltbaren Zutaten hatte sie ja sowieso im Haus, und als Gemüsebeilage verwendete sie, was gerade da war. Nun das Rezept:

200 g Linsen, 100 g geräucherter Speck, 1 Zwiebel,
20 g Butter, 1½ l Bouillon, 3 dl trockener Weisswein,
200 g Gemüse (Karotte, Lauch, Sellerie z. B.), 4 gewürfelte Kartoffeln, ½ dl Vollrahm, Salz, Pfeffer

Im grossen Suppentopf die gehackte Zwiebel in der heissen Butter anziehen lassen. Mit der Bouillon ablöschen, die Linsen einrühren, 2 Stunden köcheln. Bis dann sollten die Linsen schon fast gar sein. Wenn nicht, weiter köcheln (Es kommt auf die Art der Linsen an!). Sobald sie soweit sind, zugeben: den in schmale Streifen geschnittenen Speck, den Wein, die Kartoffeln und Gemüse; Pfeffer nach Geschmack. Hitze sehr klein stellen. Wenn die Kartoffeln gar sind, sind auch die Gemüse essbereit. Den Rahm in die Suppe rühren, mit Salz abschmecken, auftischen. Wenn die Hausfrau gerade altbackene Brotscheiben hatte, schnitt sie diese in Würfelchen, röstete sie in Butter an und gab sie auf den Tisch. Jeder nahm, soviel er/sie wollte.

Bohnensuppe nach Tessiner Art

Suppe aus getrockneten Bohnenkernen lässt sich nicht improvisieren, weil die Bohnen über Nacht eingeweicht werden müssen, damit sie jemals gar werden. Man darf sie nicht in Salzwasser geben, bevor sie halbwegs gar sind, sonst bleiben sie hart. Natron als Hilfsmittel zum Garen ist verboten! Eine Bohnensuppe nach Tessiner Art kocht man entweder mit gewöhnlichen weissen Bohnen, oder aber mit den rot gestreiften Borlotti-Bohnen, die es in Italien und auch im Tessin gibt. Sie sind fast von doppelter Grösse und wesentlich schmackhafter. Das Rezept für eine Bohnensuppe:

200 g getrocknete Bohnenkerne, 50 g Butter, 25 g Mehl, 1 Knoblauchzehe, 1 Zwiebel, 1 Zweig Liebstöckel, Salz, Pfeffer

Die Bohnen in kaltem Wasser über Nacht einweichen. Das Wasser abgiessen. Die Bohnen mit 2 l frischem Wasser aufsetzen und 1½ Stunden ohne irgendwelche Zugabe köcheln. Dann die gehackte Zwiebel und den zerdrückten Knoblauch in einer kleinen Pfanne in der Butter anziehen lassen. Mit dem Mehl überstäuben und mit etwas Bohnenwasser ablöschen. Aufkochen und 10 Minuten köcheln. Zu den Bohnen geben, salzen und pfeffern. Noch so lange köcheln, bis die Bohnen gar sind. Den Zweig Liebstöckel zugeben und 5 Minuten ziehen lassen. Mit dunklem Brot auftischen. Diese Suppe isst man oft mit dünn gescheibeltem Bergkäse, der in der heissen Suppe auf dem Teller schmilzt.

Minestrone

So heisst die berühmteste Suppe nicht nur in Italien, sondern auch im Tessin. Von ihr gibt es mindestens tausend verschiedene Arten – alles, was gerade im Garten wächst, kommt halt hinein. Auch die Einlagen richten sich nach dem, was man hat: Reis, Teigwaren, Kartoffeln. Wenn man Reste von gekochten weissen Bohnen oder Borlotti hat, kommen sie in die Minestrone, und gewürzt wird sie mit den Kräutern, die's im Garten gibt. Man kann daher Minestrone ganz nach Lust und Laune zubereiten. Ein Grundrezept lautet so:

20 g Butter, 1 Zwiebel, 2 Knoblauchzehen, 100 g Speck, je 1 Handvoll Kohlblätter, Selleriestengel, Karotten, Wirsing, Lauch, grüne Bohnen und gekochte weisse Bohnen, Petersilie, 6 vollreife Tomaten, Kräuter wie Basilikum, Liebstöckel, Salbei (nicht zusammen – je nur eine Sorte!), Salz, Pfeffer, 4 Kartoffeln, 1 dl trockener Weisswein

Im grossen Suppentopf die Butter schmelzen, die grobgehackte Zwiebel, den zerdrückten Knoblauch und den in feine Streifen geschnittenen Speck darin andünsten. Mit 2 l Wasser ablöschen. Zum Kochen bringen und die kleingeschnittenen Gemüse einrühren. 2 Stunden zugedeckt leise köcheln. Nicht salzen! Dann zugeben: Pfeffer, Salz, Weisswein, die gewürfelten Kartoffeln, die geschälten, entkernten und gehackten Tomaten, das gehackte Würzkraut nach Belieben. Zugedeckt nochmals 1 Stunde mehr ziehen als köcheln lassen. Mit Salz abschmecken und auftischen. Geriebenen Parmesan dazugeben.

Zwiebelsuppe

Diese Suppe gehört zu Paris, das wissen Sie, Zwiebelsuppe gibt's aber auch in der Schweiz, nur macht man sie hier anders, nämlich mit Rotwein. Sie ist eine der einfachsten Suppen und im Nu gekocht – nach folgendem Rezept:

6 Zwiebeln, Mehl, 20 g Butter, 1 l Bouillon, ½ l trockener Rotwein (am besten Beaujolais oder Walliser Dôle), Salz, Pfeffer

Die Zwiebeln werden sehr dünn gescheibelt und in einer Schüssel mit Mehl geschüttelt. Dann in einem Sieb rütteln, damit überschüssiges Mehl entfernt wird. Die Butter im Suppentopf schmelzen, die Zwiebeln darin öfters wenden und leicht anbräunen. Mit der Bouillon ablöschen und 20 Minuten köcheln. Den Wein zugeben, salzen und pfeffern, nochmals 20 Minuten köcheln. Diese Suppe wird mit warmem Weissbrot (aus dem Backofen) gegessen. Man kann, aber muss nicht, geriebenen Gruyère dazu reichen.

Busecca

Im Tessin gibt es eine Suppe, die geradezu ein nationales Symbol geworden ist: die Busecca. Für das Tessin ist sie so charakteristisch wie Tripes à la Mode für die Stadt Caen in der Normandie – und sie enthält auch Tripes bzw. Kutteln. So macht man sie, die Busecca:

500 g gekochte Kutteln, 1 Zwiebel, 1/4 dl Olivenöl, Salz, Pfeffer, 2 Knoblauchzehen, 2 Karotten, 2 Kartoffeln, 1/2 Sellerieknolle, 1 Lauchstengel, 1 Büschel Petersilie, 2 vollreife Tomaten, 1 Päcklein Safran, 1 Zweig Rosmarin, 100 g geriebener Parmesan

Die Gemüse klein schneiden. Die Kutteln in schmale Streifen schneiden. Die kleingehackte Zwiebel in einem geräumigen Topf im Öl glasig dünsten. Gemüse einrühren und anziehen lassen. Mit 2 l Wasser ablöschen und zum Kochen bringen. Die Kutteln zugeben, salzen und pfeffern, aufkochen und 30 Minuten zugedeckt köcheln. Dann die in Würfel geschnittenen Kartoffeln, die geschälten und entkernten Tomaten, den Rosmarin und den Safran beigeben, aufkochen und so lange köcheln, bis die Kartoffeln gar sind. Auftischen und den Käse dazu reichen.

Innerschweizer Käsesuppe

Zwei Schweizer Suppen werden mit geröstetem Mehl zubereitet. Die erste stammt aus der Innerschweiz, die zweite aus Basel. Trotz ähnlicher Zusammensetzung schmecken sie grundverschieden. Zunächst das Rezept der Innerschweizer Käsesuppe:

100 g Mehl, 50 g Butter, ½ l Milch, 1 Kaffeelöffel Kümmel, Salz, Pfeffer, 100 g geriebener Bergkäse (oder Gruyère), Muskatnuss, Schnittlauch

Im Suppentopf die Butter schmelzen, darin das Mehl verrühren und unter ständigem Rühren leicht anbräunen. Langsam mit ½ l Wasser ablöschen. Die Milch einrühren. Mit Kümmel, Salz und Pfeffer würzen und 30 Minuten köcheln. Öfters rühren. Es schadet nichts, wenn kleine Knollen in der Suppe sind – das macht sie rustikaler. In angewärmte Suppenteller den geriebenen Käse, etwas Muskat und gehackten Schnittlauch verteilen. Die Suppe abschmecken und in die Teller füllen. Brot dazu reichen.

Mehlsuppe

In Basel wird Mehlsuppe vor allem an einem Tag gegessen, und zwar am Fasnachts-Montag, nach dem Morgenstreich, ab 4 Uhr morgens. Da ist sie sozusagen obligatorisch. In jedem Lokal der Innerstadt bekommt man sie, aber nicht viele Lokale kochen sie noch selber – die meisten verwenden fertig gekaufte Suppenmehle, die man nur noch anrühren und aufkochen muss. Der Witz an einer guten Mehlsuppe ist aber, dass sie lange kocht. Versuchen Sie's mit diesem Rezept:

100 g Mehl, 20 g Butter, 1 l Bouillon, 3 dl trockener Rotwein, Salz, Pfeffer, 1 Nelke, Muskatnuss, 50 g geriebener Emmentaler Käse

Im Suppentopf die Butter schmelzen und das Mehl damit verrühren. Auf kleiner Hitze so lange rühren, bis das Mehl schön braun geworden ist – anbrennen darf es aber nicht. Mit Bouillon langsam unter ständigem Rühren ablöschen. Aufkochen, 30 Minuten köcheln (zugedeckt, öfters rühren). Den Wein zugeben, ebenso die Nelke, salzen und pfeffern. Zugedeckt

1½ Stunden köcheln. Falls der Deckel nicht gut schliesst, muss man etwas Wasser zugeben, damit die Suppe nicht zu dick wird. Vor dem Servieren etwas geriebene Muskatnuss einrühren. Auf Suppenteller verteilen und in die Mitte jeweils geriebenen Käse aufstreuen. Er soll beim Essen Fäden ziehen – drum nimmt man Emmentaler, der das tut.

Bündner Brotsuppe

An der Basel gegenüberliegenden entfernten Ecke der Schweiz, in Graubünden, kennt man eine rasch zu kochende Suppe, die Brotreste verwendet. Sie wird gern aufgetischt, wenn Besuch gekommen ist und die Hausfrau etwas Nahrhaftes anbieten will, das nicht viel Arbeit macht. Für Bündner Brotsuppe braucht man:

200 g altbackenes, geriebenes Brot, 100 g geriebenen Gruyère oder Bergkäse, 4 Eier, 1 l Bouillon, 1 Scheibe altbackenes Brot, 20 g Butter, 1 Zwiebel, Salz, Pfeffer

Die altbackene Brotscheibe wird in Würfelchen geschnitten, die Zwiebel dünn gescheibelt. Die Butter in einer Bratpfanne heiss machen und beides darin anrösten. Die Bouillon zum Kochen bringen. In einer Schüssel die verquirlten Eier, Salz und Pfeffer, das geriebene Brot und den Käse vermischen, etwas Wasser einrühren. Unter kräftigem Rühren in die kochende Bouillon einmischen, aufkochen und einen Moment ohne Hitze ziehen lassen. In Teller verteilen, die Brot- und Zwiebelstücke darübergeben und servieren.

Frühlingssuppe (Grüne Suppe)

Wenn im Frühling die ersten grünen Gemüse und Kräuter auf den Markt kommen oder im Garten wachsen, ist die Zeit für eine Frühlingssuppe da. Sie heisst auch, der Farbe wegen, grüne Suppe. Man macht sie so:

100 g Spinat, 1 Büschel Petersilie, 1 Büschel Kerbelkraut, 1 Büschel Schnittlauch, 1 Handvoll Sauerampfer, 1 dl Vollrahm, 2 Eier, 1 l Bouillon, 4 Scheiben Brot, 30 g Butter, Salz, Pfeffer

Die grünen Kräuter mit dem Wiegemesser gründlich zerkleinern (Bitte keinen Mixer verwenden!). Die Hälfte der Butter im Suppentopf schmelzen und die Kräuter darin anziehen lassen. Mit der übrigen Butter in einer Bratpfanne die Brotscheiben (ohne die Rinde) beidseitig goldgelb backen. Die Kräuter mit der Bouillon ablöschen, zum Kochen bringen, salzen und pfeffern, 20 Minuten bei geschlossenem Deckel köcheln. Die Eier trennen. Die Eigelb mit dem Rahm verquirlen. Die Eiweiss zu Schnee schlagen. Die Eigelbmischung in die fertige Suppe einmischen – nicht mehr zum Kochen bringen, aber heiss werden lassen. Die Brotscheiben in angewärmte Suppenteller legen, die Suppe einfüllen und in die Mitte je eine Portion Eierschnee geben. Der Eierschnee symbolisiert die letzten Schneereste auf den grünenden Wiesen – so hat's ein Poet mir erklärt.

Spargelsuppe

In der Schweiz werden Spargeln vor allem auf eine Art gegessen: in leichtem Salzwasser gegart, mit Mayonnaise, Sauce Hollandaise oder geschmolzener Butter begleitet und von Hand zum Mund geführt. Das Kochwasser ist natürlich viel zu schade zum Weggiessen. Deshalb verwendet man es für eine Spargelsuppe nach folgendem Rezept:

1 l Spargelkochwasser, 1 Kaffeelöffel Mehl, 25 g Butter, 1 dl trockener Weisswein, 3 dl Vollrahm, 1 Büschel Schnittlauch, Salz, Pfeffer

Im Suppentopf die Butter schmelzen, mit dem Mehl verrühren. Einen Moment unter Rühren anziehen lassen. Mit Spargelwasser ablöschen (Vorsicht, es sollen keine Knollen entstehen!). Salzen und pfeffern, 30 Minuten zugedeckt köcheln. Dann den Wein, Rahm und Schnittlauch einmischen. Abschmecken. Heiss werden lassen, aber nicht mehr aufkochen. Kurz ziehen lassen und dann servieren. Wer will, kann geröstete Brotwürfelchen dazu reichen.

fig. 5

Die Kunst der Rösti

Bern

Von allen schweizerischen Spezialitäten ist die Rösti am einfachsten überall auf der Welt zuzubereiten. Sie benötigt nur Zutaten, die's heutzutage fast in jedem Land gibt: Kartoffeln, Butter, Salz. Basta. Doch da beginnen schon die Schwierigkeiten.

Es fängt mit der Grammatik an. Vielleicht haben Sie's schon gemerkt, ich schrieb: „Die Rösti ist ...", nicht: „Die Rösti sind ...". Das Wort Rösti ist nämlich nicht etwa die Mehrzahl von der/die/das Röst. Das Wort Rösti ist eine Einzahl, und dazu noch weiblich. Weshalb man hier sagt: „Ich esse gern eine Rösti." Was kein grammatikalisches Beispiel ist, sondern ein Satz, der weit verbreitet ist in der Schweiz deutscher und französischer Sprache. Weniger im Tessin – dort ist die Rösti noch etwas recht Exotisches und vorwiegend auf die zugewanderten Schweizer deutscher Zunge beschränkt.

Dann kommt das Problem mit den Kartoffeln. Die Rösti ist ja im Grunde etwas Ähnliches wie Röstkartoffeln. Überall sonst benützt man für geröstete Kartoffeln eine Sorte, die schnittfest und kompakt bleibt beim Kochen. Für eine Rösti eignen sich solche Kartoffeln wenig. Rösti verlangt eine Kartoffelsorte, die ziemlich mehlig ist, aber nicht ganz. So zwischendrin – ein typisch schweizerischer Kompromiss, möchte man sagen.

Kein Problem ist die Butter. Sie muss nur frisch sein und nach Butter duften. Margarine, Öle, Bratfette eignen sich nicht. Mit zwei Ausnahmen: Schweineschmalz und eingesottene Butter. Schmalz mischt man am besten zur Hälfte mit frischer Butter. Aber da kommt man schon in ein heikles Gebiet, nämlich in die Familienrezepte. Gerade weil die Rösti so weit verbreitet ist, haben sich da verschiedene Glaubensrichtungen ausgebildet, deren jede sich für allein röstimachend hält. Was mich angeht: ich brate die Rösti am liebsten mit frischer Butter. Der Duft von Butter und angebratenen Kartoffeln ist für mich ein Gesamtkunstwerk, das durch nichts anderes übertroffen wird.

Für eine richtige Schweizer Rösti, gleich aus welcher Gegend sie stammt, werden die Kartoffeln nicht in dünne Scheiben geschnitten, sondern in etwas – ja, wie nennt man das nur? In unregelmässige, längliche Stückchen, für die es in der Küchensprache überhaupt keinen Namen gibt. Alle anderen Kartoffelzubereitungen, von Streichholzkartoffeln und Chips bis zu Pommes frites, bestehen aus genau benannten Stücken. Die Rösti nicht. Die macht man in der Schweiz ganz einfach mit einer Reibe, die „Röstiraffel" heisst und eben diese namenlosen Stücke aus den Kartoffeln herausschneidet. So eine Röstiraffel ist in der Schweiz in jedem Geschäft mit Haushaltsgeräten zu haben.

Da Rösti ja gebratene Kartoffeln sind, benötigt man eine Bratpfanne. Am besten ist eine aus Eisen mit dickem Boden und handlichem Stiel. Am wenigsten gut finde ich beschichtete Pfannen. Emaillierte Eisenpfannen sind brauchbar, aber nur, wenn das Email von bester Qualität ist (d.h. beim Braten nicht splittert) und wenn die Pfanne einen dicken Boden hat. Der ist notwendig, um die Hitze beim Braten gleichmässig zu verteilen.

In alten Zeiten war's so, dass die Rösti in der Bratpfanne auf den Tisch kam und jeder sich mit dem Löffel seine Bissen herausholte. Rösti galt damals als komplette Mahlzeit, die ergänzt wurde durch Milchkaffee, manchmal auch durch vergorenen Apfelmost, Wein oder ein anderes ortsübliches Getränk. Dazu ass man, wenn es die Verhältnisse erlaubten, Käse. Das war eine Mahlzeit, die sich als Frühstück, als Mittag- oder Abendessen gleich gut eignete. Die „alten Zeiten" freilich sind noch gar nicht so lange her. Kartoffeln waren ja eine amerikanische Pflanze, die in Peru wuchs; sie kamen daher erst nach Europa, nachdem Pizarro dieses Land erobert und ausgeplündert hatte. Aber sie kamen nicht als Nahrungsmittel zu uns, sondern als wissenschaftliche Kuriosität. Im Januar 1588 gerieten sie in die Hände des in Wien lebenden französischen Botanikers Charles de l'Ecluse, der ihnen den Namen „Trüffelchen" gab, beziehungsweise in miserablem Latein „taratufli" – und daraus wurde dann „Kartoffel". Ihren wissenschaftlichen Namen bekamen sie aber in der Schweiz, nämlich in Basel anno 1590 vom Botaniker Caspar Bauhin, der die seltsame Pflanze aus der Familie der Nachtschattengewächse mit „Solanum tuberosum esculentum" bezeichnete. Gegessen wurden Kartoffeln damals erst in Spanien – man gab sie in Klöstern als Almosen an die Armen.

In der Schweiz ass man Kartoffeln lange bevor sie in Preussen zwangsweise, in Frankreich mit List und guten Worten der Bevölkerung schmackhaft gemacht wurden – schon vor weit mehr als 200 Jahren. Man konnte Kartoffeln dort anpflanzen, wo Getreide nur noch schwer wuchs. Weshalb sie bald die alteingesessenen Speisen wie Hirse- und Haferbrei zu verdrängen begannen – eben in der Form der Rösti. Die Rösti ist also von der Historie her ein typisch schweizerischer Gegenstand. Wie aber bereitet man sie zu?

Das Grundrezept für Rösti ist schrecklich einfach. Es geht so:

1 kg Kartoffeln geeigneter Sorte, 40–50 g Butter, Salz

Die Kartoffeln werden in der Schale gekocht, bis sie gerade gar sind, aber noch Biss haben. In ein Sieb geben und einen halben Tag lang stehen lassen. Dann erst schälen und mit der Rösti-Reibe raffeln. Die Butter in der Bratpfanne zergehen lassen. Sie darf nicht zu heiss werden – nur schmelzen soll sie. Die Kartoffeln in die Pfanne geben, nach Geschmack salzen und dann gründlich durcheinandermengen. Die Pfanne soll dabei auf dem Feuer sein, aber man muss die Flamme klein stellen. Dann drückt man mit der Bratschaufel die Kartoffelstücke gut zusammen, zuerst von oben und dann auf allen Seiten, so dass ein Kuchen entsteht. Auf kleiner Flamme zugedeckt etwa 10 Minuten braten. Zweimal in dieser Zeit die Rösti mit der Bratschaufel drücken, damit der Kuchen schön kompakt bleibt. Zugleich die Pfanne etwas rütteln, um die Rösti vom Pfannenboden zu lösen – sie soll nämlich dort nicht ansetzen! Nötigenfalls mit der Bratschaufel die Rösti vorsichtig vom Boden lösen – und wieder zusammendrücken.

Die Hitze darf nie zu gross werden, sonst brennt die Rösti an, bevor sie durchgebraten ist. Nach 10 Minuten sollte die Rösti gar sein, den Duft der Butter bewahrt haben und auf der Unterseite eine goldbraune Schicht aufweisen. Man kann das prüfen, indem man sie am Rand leicht anhebt und vorsichtig einen Blick auf die Unterseite tut. Die fertige Rösti wird mit einer heissen Platte zugedeckt – und dann dreht man Pfanne samt Platte mit Schwung und Geschick um, so dass die Rösti in die Platte zu liegen kommt.

Rösti ist an sich ein vollwertiges Gericht, das man am besten mit Salat begleitet. Sie eignet sich aber auch als Beilage zu gebratenem Fleisch aller Art, zu Würsten, zu Gemüsen, zu Fisch, zu Käseplatten, Aufschnitt oder Schinken oder zu anderen Gerichten, die man mit gebratenen Kartoffeln begleiten möchte, ja, sie passt sogar zu Apfelmus.

Die Rösti müsste kein schweizerisches Gericht sein, wenn sie nicht in verschiedenen Regionen auf andere Art ausgebaut würde. Ein paar Beispiele:

Berner Rösti

In der Butter werden zuerst kleine Speckwürfelchen angebraten, bevor man die Kartoffeln einmischt. Vorsicht, dass die Butter dabei nicht zu heiss wird!

Bauernrösti

Gleichzeitig mit Speckwürfelchen dünstet man in der Butter grobgehackte Zwiebeln an – je nach Geschmack eine oder zwei pro Kilo Kartoffeln. Diese Art Rösti braucht besonders wenig Hitze, weil die Zwiebelstücke leidenschaftlich gern zu dunkel werden. Grund: ihr Zucker karamelisiert.

Käserösti

Die Kartoffelstücke mit kleinen Würfeln aus Emmentaler- oder Greyerzer Käse vermengen und in der Pfanne 3–4 Esslöffel Milch einmischen.

Zwiebelrösti

Auf 1 kg Kartoffeln schneidet man 4 geschälte Zwiebeln in ganz dünne Scheiben und dünstet sie in wenig Butter auf kleinem Feuer unter öfterem Wenden gar. Dann gibt man frische Butter dazu, lässt sie schmelzen und mischt die Kartoffeln nach Grundrezept ein. Auch hier die Hitze niedrig halten, damit die Zwiebelstücke nicht schwarz werden.

Pilzrösti

Wer auf der Pilzsuche nicht sehr erfolgreich war, kann seine kleine Ausbeute zum Parfümieren einer Rösti verwenden. Die geputzten Pilze werden dazu grob gehackt, in der Butter erst angedünstet und dann mit den Kartoffeln vermischt. Je aromatischer die Pilze, desto besser schmeckt diese Rösti. Wer's liebt, kann sogar Kümmel oder andere passende Gewürze beigeben, was bei einer normalen Rösti geradezu eine Sünde wäre.

Fischrösti

Fischfilets, die sich zum Braten in der Pfanne eignen, werden in kleine Stücke geschnitten, in der Pfanne in Butter angebraten (Mehrmals wenden!) und dann mit den Kartoffeln vermischt. Nicht alle Fische eignen sich. Sorten, die Wasser ziehen, vermeide man. Gut hingegen geht's mit geschälten, gekochten Krabben oder Crevetten. Das sind dann aber keine schweizerischen Volksgerichte mehr.

Frühstück-Rösti

Wer einen körperlich anstrengenden Tag vor sich hat, wird die Schweizer Rösti von anno dazumal schätzen. Dieses kräftige Frühstück besteht aus einer normalen Rösti nach dem Grundrezept, auf die man nach dem Stürzen noch einige Flocken von frischer Butter gibt. Dazu reicht man mit Butter bestrichene Scheiben von dunklem Brot und Milchkaffee. Der Milchkaffee wird nicht gezuckert – die gute Milch gibt ihm genügend Süsse.

Rösti auf Hausfrauen Art

Gute Hausfrauen verwenden bekanntlich alle Reste. Deshalb mischen sie gekochte Erbsen, kleingeschnittene, gekochte Teigwaren, weisse Bohnen, gewürfelte Reste von gekochtem oder gebratenem Fleisch, Wurstscheiben, Schinkenreste oder was-weiss-ich-alles unter die Kartoffeln in der Pfanne. Der Phantasie sowie den Beständen des Kühlschranks sind da kaum Grenzen gesetzt. Wichtig ist nur: Die Zutaten dürfen keine Sauce und kein Wasser enthalten, sonst misslingt die Rösti!

Altdorf

fig. 6

Polenta ist nicht nur Mais!

Locarno

Wer heute im Tessin eine Polenta bestellt, erwartet ein Gericht aus gekochtem Maisgries – und das kommt dann auch auf den Tisch. In den allermeisten Fällen stammt der Maisgries aus der Fabrik, wo er vorgekocht ist, so dass er in der Küche nur noch ein paar Minuten Kochzeit benötigt. Eine Polenta aus unpräpariertem Mais braucht mindestens 1 Stunde, bis sie gar ist – am besten wird sie erst nach noch längerem Kochen und unter ständigem Rühren.

Der Name Polenta ist viel älter als der Maisanbau im Tessin oder in Oberitalien. Polenta heisst eine kleine Ortschaft in der Romagna, 10 km südwestlich von Cesena. Sie besitzt ein malerisches Schlösslein und war der Stammsitz der Familie da Polenta, aus der Guido Novello da Polenta entspross, ein Freund und Gastgeber Dantes in dessen letzten Lebensjahren kurz vor a. D. 1321. Da Mais eine amerikanische Pflanze ist und deshalb erst nach der Entdeckung Amerikas nach Europa kam, also über 200 Jahre nach Dantes Tod, gab es über Jahrhunderte als Polenta ein Gericht aus anderen Rohstoffen – nämlich aus Buchweizen. Buchweizen ist kein Getreide, sondern ein Knöterichgewächs, das früher allgemein verbreitet war, dann aus der Mode kam und erst heute wieder in der Nouvelle Cuisine und in der Alternativküche eine Rolle spielt. Im Tessin bereitete man Polenta aus Buchweizen, bis vor etwa 150 Jahren der wesentlich einfacher zu kultivierende Mais an seine Stelle trat.

Polenta nach Tessiner Art

– ist sehr einfach zu kochen, aber man darf den Topf nicht sich selbst überlassen – sonst brennt die Polenta nämlich an! Man muss ständig in ihr rühren, und zwar vom Boden an aufwärts, um die Kruste vom Topfboden zu lösen, noch bevor sie festsitzt und ankohlt. Bei 1 Stunde Kochzeit erfordert das natürlich nicht wenig Arbeit. Im Tessin löste man das Problem auf einfache Weise: Die Polenta wurde in einem grossen Topf zubereitet, der an einer Eisenkette im Kamin über dem Feuer hing. Nebendran – noch im Kamin selber – sass auf einer eingebauten Steinbank die Grossmutter, wärmte sich und rührte zugleich im Topf. In der modernen Küche muss man's anders machen. Man kann zum Beispiel den Polentatopf in ein Wasserbad stellen, dann brennt die Polenta nicht an. Ums Rühren kommt man aber keinesfalls herum. Am besten ernennt man einen vertrauenswürdigen Mann zum „polentaio", zum Polentakoch, und übergibt ihm die Verantwortung. Die Hausfrau hat jedenfalls keine Zeit dazu, neben all' den anderen Arbeiten auch noch die Polenta zu betreuen. Das Rezept, die Einfachheit in Person, lautet:

1 l Wasser (leicht gesalzen), 250 g Maisgriess (nicht zu fein)

Das Wasser zum Kochen bringen und dann unter ständigem Rühren den Mais langsam zugeben. Die Flamme so einstellen, dass der Maisbrei köchelt, aber nicht „spratzt". Falls Sie nicht wissen, was Spratzen ist: der Ausdruck kommt aus der Sprache der Metallurgen und beschreibt sehr lautmalerisch, was passiert, wenn ein geschmolzenes Metall Blasen wirft. Vorsicht, dass die Spritzer beim Spratzen nicht auf die Haut kommen – das gibt Brandblasen! Man verwendet am besten Küchenhandschuhe, wenn man Polenta kocht. Und das soll einfach sein ...?

Polenta eignet sich zu allem möglichen. Im Tessin gehört sie zu Ragoût aus Coniglio (Kaninchen). Man isst Polenta gern zu Käse – im Tessin gibt's halbharte Käsesorten, Formagella genannt, die dazu passen. Aber auch alle anderen harten und halbharten Käse schmecken gut zu Polenta, falls sie nicht zu mild sind. Pecorino aus Italien ist mein Lieblingskäse für diesen Zweck. Auf Tessiner Alpen bekommt man Polenta oft mit Rahm – als Zutat zum Kochen oder über die fertige Polenta gegossen. Übrigens kann man den Maisgriess auch in einer Mischung aus halb Wasser, halb Milch zu Polenta kochen – aber das erfordert erheblich mehr Aufmerksamkeit beim Rühren, weil die Milch noch begeisterter anbrennt.

Polenta serviert man stilgerecht nicht direkt aus dem Topf, sondern man leert dessen Inhalt auf eine runde Holzplatte, drückt ihn gleichmässig dick zurecht und schneidet dann tortenförmige Stücke daraus für alle Esser. Zum Schneiden verwendet man hölzerne Messer, die heute bereits zu Souvenirs verkommen sind. Es geht natürlich auch mit Messern aus Stahl, aber das widerspricht der alten Regel, dass man Weiches nicht mit dem Messer behandeln soll.

Schwarze Polenta

Sie wird heute im Tessin nur noch sehr selten zubereitet. Man bekommt sie jedoch bei den zahlreichen „Aussteigern" vorgesetzt, die aus dem Norden ins Tessin gewandert sind und dort versuchen, aus den verlassenen Alpen ihren Lebensunterhalt herauszuwirtschaften. Was eine harte Arbeit ist und zu viel führt, nur nicht zu Wohlstand. Das Rezept für die schwarze Polenta:

500 g Buchweizengriess, 100 g Maisgriess, 1 Knoblauchzehe, 100 g Butter, Salz, 200 g Formagella, Fontina oder Raclettekäse

3 l leicht gesalzenes Wasser zum Kochen bringen. Inzwischen in einer Schüssel die beiden Griess-Sorten mischen. Langsam unter stetem Rühren ins kochende Wasser giessen. 45 Minuten lang unter fortwährendem Rühren kochen. Dann auf ein Holzbrett giessen, flachdrücken und leicht abkühlen lassen. In der Bratpfanne Butter heiss machen. Von der Polenta rechteckige Schnitten schneiden und diese in der Butter beidseitig braun braten. Den Käse in dünne Scheiben schneiden und auf jede Schnitte ein Stück legen. Er soll in der Hitze der Polenta leicht anschmelzen. Mit Salat servieren.

Übrigens kann man auch Reste von gewöhnlicher Polenta in Butter braten. Es braucht dazu kein Ei als Bindemittel, weil die Polenta von selber zusammenhält. Nur muss man sie beim Wenden mit der Bratschaufel liebevoll behandeln, denn allzu stark hält der Mais nicht zusammen ...

Wichtig: Polenta ist zwar ein Brei, sie darf dennoch nicht so weich wie ein Brei sein. Am besten probiert man's zunächst einmal aus und notiert sich die Mengen, die den besten Erfolg geben. So einfach Polenta von den Zutaten her ist – zum besten Resultat braucht's halt Erfahrung!

In der norditalienischen Provinz Vèneto ist Polenta ein wichtiges Nahrungsmittel, das auf alle erdenklichen Arten zubereitet und verfeinert wird. Dort gibt es neben dem gelben Maisgriess auch eine schneeweisse Sorte, die in der Schweiz nicht zu haben ist. **Weisse Polenta** schmeckt wie gelbe, aber sie sieht vornehmer aus. Bringen Sie doch von der nächsten Italienreise ein Paket weisse Polenta mit! Ihre Gäste werden sich freuen.

Türkenriebel

Eine Polenta, die gar nicht Polenta heisst, ist in der Ostschweiz zuhause: Türkenriebel. Mais heisst ja nicht nur Mais. In den USA nennt man ihn „indian corn", weil er eine Speise der Indianer war, und in Österreich heisst er „Türken", was daher kommt, dass während der türkischen Besetzung der Balkanstaaten und Ungarns dort Mais in grossem Ausmass angebaut wurde. Als die Österreicher diese Ländereien nacheinander eroberten, bekam der Mais den Namen der früheren Landesherren: Türken. In der Ostschweiz hat er diesen Namen behalten, der daran erinnert, dass der Einfluss Österreichs auf gastronomischem Gebiet dort einst sehr stark war. Eine Folge nicht nur der Nachbarschaft, sondern auch der Tatsache, dass zahlreiche Schweizer früher aus wirtschaftlicher Not in die österreichische Armee eintraten und von dort später allerlei mitbrachten – unter anderem auch Bezeichnungen für Dinge des täglichen Lebens.

Türkenriebel geht so:

350 g Maisgriess (fein), 150 g Weissmehl, 3 dl Wasser,
Salz, 200 g Butter

Mais und Mehl in einer Schüssel gründlich mischen, Salz nach Geschmack beigeben – nicht zu viel! Das Wasser zum Kochen bringen und in die Maismischung einrühren. Mindestens 12 Stunden zugedeckt und in ein Tuch gewickelt stehen lassen. Wer eine Kochkiste besitzt – hier ist sie nützlich! In einer grossen Bratpfanne 50 g Butter heiss machen und kleine Portionen des Maisbreis unter Wenden darin goldgelb backen. Wenn die Hälfte des Breis verbraucht ist, die Butter weggiessen und neue 50 g Butter verwenden. Am Schluss die übrigen 100 g Butter in der ausgewischten Pfanne erhitzen, den Türkenriebel kurz darin wenden und servieren. Zu diesem Maisgericht isst man Apfelmus, Kompott aus frischen oder getrockneten Früchten, Käse oder Trockenfleisch. Man kann auch Zucker und Zimt aufstreuen.

Da es für Türkenriebel keine sakrosankte Rezeptur gibt, wird er auf die verschiedensten Arten zubereitet – fast jede Grossmutter hatte da ein eigenes Rezept. Es steht also eigenen Varianten nichts im Wege. Mit Milch lässt sich Türkenriebel ebenso schmackhaft zubereiten wie mit weissem Wein oder Apfelsaft, und ich vermute, dass er auch mit nicht zu stark gehopftem Bier gut schmeckt. Probieren Sie's aus!

Sughett

Eine süsse Speise aus Maisgriess fand ich im Tessin. Auch sie ist einfach. Genannt wird sie Sughett und macht sich so:

150 g Maisgriess, 80 g Zucker, ½ l Tessiner Merlot-Wein, 25 g Butter, 1 Prise Salz

Den Rotwein mit Zucker und Salz in einem emaillierten Topf zum Kochen bringen. Den Maisgriess langsam unter stetem Rühren eingiessen und 20–30 Minuten unter Rühren kochen. Sobald der Mais gar ist, die Butter einrühren und servieren. Man isst Sughett als Dessert ohne Zugabe. Schwarzer Kaffee passt gut dazu. Wo Tessiner Merlot nicht zu haben ist, lässt sich auch Merlot del Piave aus Italien verwenden. Man muss aber eine Sorte auswählen, die eine kräftige rote Farbe besitzt und den typischen Merlot-Goût aufweist. Die billigen Merlot-Weine eignen sich nicht für dieses Dessert – ihnen fehlen Farbe und Duft. Eine weitere Möglichkeit: Statt Merlot nimmt man Tessiner Nostrano; das gibt dem Sughett eine kräftige, bemerkenswerte Duftnote …

Notizen & weitere Rezepte:

fig · 7

Reis – ein Zugereister

Bellinzona

Ganz gewiss ist Reis keine schweizerische Pflanze. Er ist aber in der Schweiz heimisch geworden und hat sich den Familientisch erobert, vom Milchreis mit Zimt, dem Schrecken der meisten Kinder, über Reis als Bestandteil der beliebt gewordenen fernöstlichen Küche bis zum altmodischen Reispudding mit eingebautem Zitronat und der obligatorischen Vanillesauce (aus Päcklein oder Dose). Das einzige wirklich einheimische Reisgericht aber ist *der* Risotto – oder meinetwegen: *das* Risotto. Zwar stammt Risotto ursprünglich aus Norditalien, wo man Reis anbaut. In der Küche des Tessins aber hat Risotto längst seinen eigenen Platz bekommen, nach regionalen Gepflogenheiten zubereitet natürlich.

Risotto, Grundrezept

Risotto ist nicht irgendein Reisbrei. Zugegeben: man bekommt nicht selten unter dem Namen „Risotto" eine klebrige Masse, in der man bei näherem Hinsehen noch Spuren von Reiskörnern entdecken kann. Das ist kein Risotto – das ist eine Barbarei. In einem richtigen Risotto sollen die Reiskörner gar, aber noch voneinander getrennt sein. Man nennt das „körnig". Das lässt sich nur erreichen, wenn man Risotto auf die richtige Art kocht und nie sich selber überlässt.

Das Rezept „Man nehme dreimal mehr Wasser als Reis und lasse das zugedeckt soundsoviele Minuten kochen" mag für Tapetenkleister nützlich sein – keinesfalls aber für Risotto! Da heisst's vielmehr, das Grundrezept zu beachten. Nämlich:

Die trockenen Reiskörner werden zuerst in Butter oder Öl im genügend grossen Topf bei mittlerer Hitze gründlich gerührt. Sie sollen so viel Fett aufnehmen, wie sie überhaupt können. Dann gibt man nach und nach, in kleinen Portionen, unter stetem Rühren, die notwendige Flüssigkeit zu. Nicht zudecken! Am Herd bleiben und je nach Bedarf weitere Flüssigkeit einrühren! Und auch sonst unausgesetzt rühren. Das, und nur das, gibt ein Risotto auf Tessiner Art.

Welchen Reis verwendet man für Risotto? Nicht irgendeinen. Für Risotto braucht's Vialone-Reis, auf keinen Fall aber vorgekochten Reis, nach irgendeinem wohltätigem Onkel benannt, bzw. sogenannten Schnellkochreis.

Risotto, Tessiner Art

Risotto auf Tessiner Art ist im Grunde ein Risotto alla Milanese – ein Mailänder Risotto. Aber es ist halt doch anders. Das Rezept lautet:

400 g Vialone-Reise, 1 Zwiebel, 1 Knoblauchzehe, 50 g Butter, 1 Stück Markknochen, 3 dl trockener Merlot-Wein, 2½ l Bouillon, 2 Päckchen Safran, 150 g frisch geriebener Parmesan

In einer geräumigen Kasserolle die Butter schmelzen. Die kleingehackte Zwiebel, den zerdrückten Knoblauch und das aus dem Knochen gekratzte, gehackte Mark darin leicht anziehen lassen. Den trockenen Reis einrühren und dafür sorgen, dass er mit der Butter gut vermengt wird. Ständig rühren! Mit dem Rotwein ablöschen. Sobald der Reis den Wein aufgenommen hat, portionsweise die heiss gehaltene Bouillon einrühren. Immer wieder Bouillon zugeben und rühren. Es soll jeweils nur so viel Bouillon beigefügt werden, wie der Reis in kurzer Zeit aufnehmen kann. Nach 15 Minuten ein Päcklein Safran einrühren. Kurz bevor der Reis körnig gar ist, das zweite Päcklein Safran einmischen. Den garen, aber noch körnigen Reis in der Kasserolle vom Herd nehmen, auf ein Holzbrett stellen und zugedeckt 2 Minuten ziehen lassen. Dann in der Kasserolle auftischen und den frisch geriebenen Parmesan getrennt servieren. Jeder mischt so viel Käse in den Reis, wie's ihm behagt.

Risotto ist, nebenbei bemerkt, keine Beilage, sondern eine selbständige Speise, die meistens nach einem kleinen Hors d'œuvre – italienisch: Antipasto – gereicht wird. Danach folgt dann der Hauptgang. Linienbewusste Schlemmer essen jedoch meistens nach dem Risotto nur noch frischen Salat und dann Früchte. Das genügt für eine vollwertige Ernährung.

An dieser Stelle ein Exkurs über **Parmesan.** Aus der guten Milch der Kühe in den italienischen Alpenvorbergen und der in der Po-Ebene macht man einen Hartkäse, der die Eigenschaft hat, in reifem Zustand brüchig zu werden. Er heisst daher auf Italienisch „grana", was körnig-brüchig bedeutet. Er wird nicht geschnitten, sondern mit einem Instrument angestochen und abgebrochen, das wie die Spitze einer Lanze aussieht. Es gibt, je nach Herkunft, verschiedene Sorten Grana. Als bester gilt der Grana aus der Gegend von Parma, der Parmigiano. Jedenfalls sagen das die Leute aus der Gegend von Parma. In den anderen Produktionsgebieten sagen die Leute das nicht, sondern halten ihren eigenen Grana für den besten. Was wir „Parmesan" nennen, ist nicht immer Parmigiano – er kann auch aus den anderen Gebieten stammen. Wichtig ist, dass der Parmesan eine genügende Reife erlangt hat. Ist er zu jung, schmeckt er nach wenig. Ist er zu alt, schmeckt er etwas ranzig. Zwar kann man Grana jahrelang aufbewahren, aber seinen besten Geschmack bekommt er nach zwei und vor drei Jahren Lebenszeit.

Kaufen Sie stets Parmesan am Stück und reiben Sie ihn selber! Es gibt fertig geriebenen Parmesan in kleinen Päckchen zu kaufen. Das ist Parmesan, den Sie nie, nie, nie kaufen sollten. Katzen kauft man ja auch nicht im Sack! Wenn Sie Parmesan am Stück kaufen, so lassen Sie sich zuerst ein Stücklein zum Probieren geben. Das probieren Sie dann – so können Sie feststellen, ob der Käse die Reife hat, die Ihnen zusagt. Der Verkäufer wird Sie – jedenfalls in kulinarisch unbedarften Geschäften – zunächst seltsam mustern. Da Parmesan aber teuer ist, wird das Personal die zusätzliche Mehrleistung wohl klaglos hinnehmen.

Reiben Sie zuhause den Parmesan bitte nicht auf einer Raffel, die ihn in längliche Späne zerkleinert. Parmesan muss körnig werden beim Reiben, wie es seiner Natur und seinem Namen „grana" entspricht. Im Gegensatz zu Emmentaler und Gruyère kann man Parmesan zu Körnchen reiben, weil er wenig Fett enthält. Ausserdem bleibt Parmesan im heissen Reis immer noch körnig. Die anderen, fettreichen Hartkäse aber ziehen Fäden. Wenn man einen Bissen zum Munde führt, gibt's dann einen Faden von der Gabel bis in den Teller. Die Italiener und Tessiner nennen das „al telèfono", weil es aussieht wie ein Telefonhörer an seiner Schnur. Unerfahrene Esser sehen dann recht hilflos aus, und das trägt nicht eben zur Popularität von Risotto mit Käse bei. Also: Wählen Sie Parmesan!

Es gibt noch einen zweiten Käse, der zu Risotto passt: den **Sbrinz**. Das ist ein schweizerischer Hartkäse, der mit der Ortschaft Brienz zu tun hat, obschon er nicht von dort stammt. Er ist ebenfalls körnig, nur nicht so sehr wie der Grana, und auch er wird nach zwei Jahren Lagerzeit schön reif, nur bekommt er niemals den richtigen Parmesan-Geschmack.

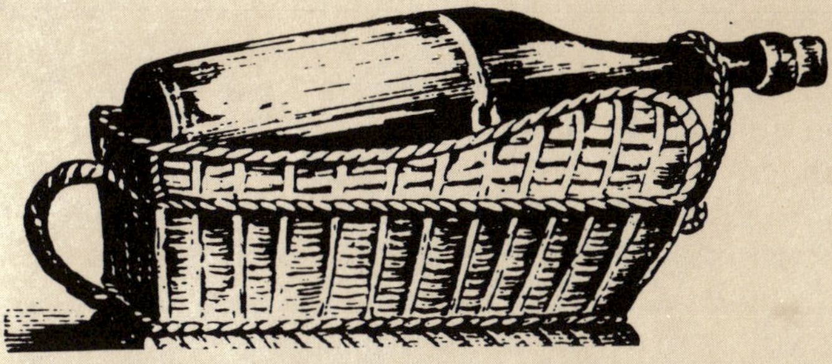

Exkurs über den **Rotwein.** Im Rezept ist als Wein Merlot angegeben. Hier braucht es ausnahmsweise kein Tessiner Merlot und kein Merlot von Montello-Asolani zu sein. Irgendein Merlot, gleich woher er kommt, tut's. Sie werden kaum einen Château Pétrus aus Pomerol wählen, zu 150 Franken die Flasche. Italienische und südafrikanische Merlot-Weine sind am leichtesten erhältlich. Wichtig ist: sie müssen trocken sein und ausreichend Säure haben. Man verwendet beim Risotto-Kochen den Wein nämlich nicht wegen seiner Farbe und schon gar nicht wegen des Alkohols – der verdampft sowieso nach zwei Minuten im Topf. Hingegen ist die Säure des Weins wichtig. Dass er nicht „lieblich" sein darf, versteht sich. Risotto ist, im Gegensatz zu Milchreis, nämlich kein Dessert. Ein Tip: falls Sie keine Bouillon haben, können Sie eine ganze Flasche Merlot zum Risotto-Kochen verwenden; was Sie darüber hinaus noch an Flüssigkeit benötigen, beziehen Sie dann aus dem Wasserhahn.

Risotto ai Funghi

Neben dem einfachen Risotto Ticinese gibt es noch andere Arten von Risotto, die ebenso schmackhaft sind. Auch für sie wird der Reis – wie im Grundrezept – zuerst mit Butter getränkt. Dann jedoch wird's anders. Zum Beispiel beim Risotto ai Funghi, dem Risotto mit Steinpilzen. Das geht so:

500 g Vialone-Reis, 1 Zwiebel, 1 Knoblauchzehe, 50 g Butter, 3 dl trockener Weisswein, 100 g frische Steinpilze (oder 20 g getrocknete), 2½ l Bouillon, 1 Päcklein Safran, 150 g frisch geriebener Parmesan

Die Butter wird in einer geräumigen Kasserolle geschmolzen. Die kleingehackte Zwiebel und den zerdrückten Knoblauch darin anziehen lassen, den Reis einrühren und gut vermischen. Mit dem Weisswein ablöschen. Bouillon zugeben, sobald der Reis die Flüssigkeit aufgenommen hat – in kleinen Portionen und unter stetem Rühren. Nach 10 Minuten Kochzeit die in dünne Scheiben geschnittenen Pilze einrühren. Falls Sie getrocknete Steinpilze verwenden, müssen Sie diese 1 Stunde zuvor in Weisswein einlegen und kurz vor dem Zugeben in Stücke schneiden. Den Wein verwenden Sie dann fürs Risotto. Sobald die Steinpilze eingemischt sind, den Safran zugeben und einrühren. Das fertige, noch körnige Risotto vom Feuer nehmen, 2 Minuten zugedeckt ziehen lassen und dann in der Kasserolle servieren. Den geriebenen Parmesan getrennt auftischen.

Exkurs zum **Weisswein.** Die südlichen Weissweine besitzen meistens weniger Duft als die im Norden gewachsenen. Wenn man sie durch Weissweine aus nördlichen Gegenden ersetzen muss, so darf man keine Weine wählen, die starkes Bouquet aufweisen. Ideal sind Riesling, Sylvaner und Weissburgunder. Völlig unpassend sind weisse Bordeaux-Weine, weil deren Traubensorten Semillon und Sauvignon viel zu aromatisch duftenden Wein ergeben.

Risotto della Casa

– heisst Risotto, der nach Art des Hauses gekocht wurde – und Häuser gibt's viele. Weshalb es auch viele Arten von Risotto della Casa gibt. Risotto hat ja die gute Eigenschaft, dass er sich ohne störende Folgen mit allerlei Resten mischen lässt. Die energiebewusste Hausfrau verwendet deshalb in der Schweiz kleine Reste, die sich anderweitig kaum mehr benützen liessen, zur Variation von Risotto. Ein bisschen Hühnerfleisch oder Schinken, ein halbes Würstchen (Frankfurter oder Wiener, oder was sonst), etwas übriggebliebene Leber (roh oder zubereitet); Risotto nimmt willig dergleichen Ergänzungen auf, sofern sie nicht an Menge und/oder Geschmack überwiegen. Risotto sollte nämlich stets vor allem nach Risotto schmecken!

Risotto Magro

Ich erinnere mich mit Grausen an meine Kindertage. Seinerzeit galt in der deutschsprachigen Schweiz das Tessin noch als Land, das fast so weit entfernt schien wie Chile, Madagaskar oder die Norfolk-Inseln zwischen Neuseeland und dem Südpol. Da gab es bei uns zuhause Risotto, das bestand aus gekochtem Reis, in dem einiges Tomatenfleisch herumlag, vor allem aber Tomatenhäute ein unberechtigtes und störendes Dasein fristeten. Mangels Feldstudien vor Ort hielt man das für ein Risotto Magro, für ein Risotto mit Gemüsen. Im Tessin und im benachbarten italienisch sprechenden Gebiet von Graubünden, dem Misox, isst man Risotto Magro gern. Ich vermute, dass es auch Ihnen schmeckt. Hier ist das Rezept:

500 g Vialone-Reis, 1 Zwiebel, 1 Knoblauchzehe, 50 g Butter (oder 4 Esslöffel Olivenöl), 2 dl Weisswein, 500 g vollreife Tomaten, 3 Karotten, 1 Bund Petersilie, 5–6 Sellerieblätter (samt Stengel), 1 Handvoll Erbsen, Bouillon, Salz, Pfeffer, 150 g frisch geriebener Parmesan

Die kleingehackte Zwiebel und der zerdrückte Knoblauch werden in einer Kasserolle in der geschmolzenen Butter angedünstet. Den trockenen Reis einrühren und die Butter aufsaugen lassen. Dann mit dem Wein ablöschen. Immer gut rühren! Nun die entkernten, abgehäuteten und grob zerschnittenen Tomaten, die Erbsen, die dünn gescheibelten, geputzten Karotten, die gehackte Sellerie, die gehackte Petersilie zugeben. Gut rühren, vorsichtig salzen, gut pfeffern. Sobald der Wein aufgenommen ist, portionsweise Bouillon angießen – wie bei jedem anderen Risotto. Wenn der Reis gar ist, sind auch die Gemüse soweit. Sie dürfen noch etwas Biss haben. Die Tomaten jedoch verkochen – das sollen sie. Den geriebenen Parmesan serviert man getrennt.

Risotto alla Grappa

Hier eine Spezialität, die man im Tessin nur selten antrifft. Man bereitet sie mit Grappa – das ist ein Schnaps, beziehungsweise ein Destillat, gewonnen aus den Resten der roten Trauben bei der Weinbereitung. Grappa ist wasserhell. Manchmal wird die Hefe, die bei der Gärung in grossen Mengen entsteht, mit destilliert – manchmal auch nicht. Grappa schmeckt daher, je nach Produzent, sehr unterschiedlich. Typisch ist für die Grappa jeder Art aber der sehr kräftige Duft, der meistens herb ist, kaum mehr an Trauben erinnert und gewisse kulinarische Werte besitzt. Zum Parfümieren von Risotto eignet sich Grappa aber vorzüglich. So macht man's:

500 g Vialone-Reis, 50 g Butter, 1 Zwiebel, 2½ l Bouillon, Salz, Pfeffer, 1–2 dl Grappa

In der geräumigen Kasserolle die Butter schmelzen, die feingehackte Zwiebel darin andünsten, den trockenen Reis einrühren und gut vermengen. Mit Bouillon ablöschen und immer neue Bouillon portionsweise zugeben, wenn der Reis trocken wird. Kurz vor Ende der Kochzeit die Grappa in 3 bis 4 Portionen einrühren und absorbieren lassen. Der Alkohol hat noch Zeit zum Verdunsten, aber der Grappageschmack sowie -geruch bleibt. Zu diesem Risotto benötigt man keinen Käse, doch wer ihn gern hat, mischt ihn trotzdem ein.

Rispor

Eine seltsame Art Risotto gibt es seit langem im Kanton Uri, am Nordfuss des Gotthardpasses. Dort lebten die Männer jahrhundertelang vom Transport von Waren und Personen über den Pass ins Tessin und zurück, zuerst als Säumer und Führer von Fussgängern, nach dem Bau einer befahrbaren Strasse dann als Fuhrleute und Kutscher. Von ihren Reisen ins Tessin brachten sie natürlich auch Rezepte für neuartige Speisen mit, die es vorher im Kanton Uri nicht gab – und die wurden dann von den Hausfrauen willig aufgenommen, aber nach örtlichen Gegebenheiten verändert.

Zu diesen Rezepten gehörte eines für Risotto. Weil Safran zu teuer war und Steinpilze selten, verwendeten die Hausfrauen Zutaten, die bei ihnen wuchsen und zum Reis passten. Darunter Lauch. Daraus entstand eine Art Risotto, die Rispor genannt wurde. Das Wort setzt sich zusammen aus Risotto und „porro", was der italienische Name von Lauch ist. Gewürzt wird Rispor nicht mit Parmesan, sondern mit einem einheimischen Käse, der auf den Urner Alpen gemacht wird und deshalb Urner Alpkäse heisst. Doch auch andere Schweizer Alpkäse eignen sich, falls sie reif genug sind. Fragen Sie Ihren Käsehändler!
Das Rezept für Rispor lautet:

500 g Vialone-Reis, 1 Zwiebel, 500 g Lauch, 50 g Butter, Salz, Pfeffer, 2½ l Bouillon, 150 g Urner Alpkäse

Die feingehackte Zwiebel wird in einer Kasserolle in der geschmolzenen Butter angedünstet. Der geputzte und abgetrocknete Lauch, in zentimeterbreite Stücke geschnitten, wird ebenfalls angedünstet. Mit 1 l Bouillon ablöschen, aufkochen und kurz darauf den Reis einrühren. Salzen und pfeffern. Immer gut rühren! Verlorene Flüssigkeit durch Bouillon portionsweise ersetzen. Sobald der Reis gar ist, vom Feuer nehmen, den geriebenen Käse einmischen und servieren.

Rispor ist natürlich kein richtiger Risotto, weil der Reis nicht die Butter aufsaugen konnte und drum nach dem Kochen eine andere Konsistenz besitzt. Rispor ist hingegen ein gutes Beispiel für einen echt schweizerischen Kompromiss zwischen den Sitten und Gebräuchen an beiden Enden des Gotthardpasses. Da im Kanton Uri leider kein Wein wächst, wird für Rispor Wein als Zutat nicht verwendet. Heute hindert das natürlich niemanden in Uri daran, Rispor mit einem tüchtigen Schuss Weisswein zu kochen statt nur mit Bouillon. Er muss selbstverständlich trocken sein und nicht allzu aromareich. Ob Sie's glauben oder nicht: ich habe die gleiche Speise aus Reis und Lauch auch in Frankreich bekommen. Dort entstand sie nicht aus dem Verkehr über einen Pass mit Italien, sondern ein Koch hatte sie frei erfunden. Und statt Bouillon oder Weisswein nahm er Champagner. Das ergab kein sehr billiges Gericht – aber das Restaurant, wo ich es bekam, hatte zwei Sterne und zeichnete sich nicht durch volkstümliche Preispolitik aus . . .

fig. 8

Mehl war teuer!

Das Rütli am Vierwaldstätter See

Wen wundert's, dass es in den alteingesessenen Küchen der Schweiz recht wenige Teigwaren gibt. Mehl war rar, weil in den meisten Kantonen nur bedingt Getreide angebaut werden konnte. Es wurde daher vorwiegend zu Brot verarbeitet. Und Brot war auch keine verbreitete Volksspeise. Es gab in der Schweiz Regionen, in denen Brot so selten auf den Tisch kam wie Fleisch. Vorwiegend am Sonntag oder an Festen, und dann gab's natürlich auch anderes Gebäck. Teigwaren fanden sich jedoch bei wohlhabenden Familien in den Städten, und die hatten meistens eine Köchin im Haus. Die überwiegende Zahl der Köchinnen in Schweizer Haushalten kam aus dem Ausland: aus Baden und Württemberg, aus Vorarlberg, aus Norditalien und aus dem Elsass. Von dort brachten sie Rezepte mit, auch für Teigwaren. Weshalb Teigwaren in der Schweiz ursprünglich meist einen ausländischen Beigeschmack hatten. Erst seit einem Jahrhundert, als Mehl billiger wurde, eroberten sich Teigwaren nahezu das ganze Land.

Glarner Knöpfli

Eine der ältesten Arten von Teigwaren sind natürlich die Knöpfli oder Spätzli, die hier als urschweizerisch empfunden werden. Ganz gewiss aus Schweizer Küchen stammt jene Art Spätzli, die im Kanton Glarus heimisch ist. Dort gibt es den Glarner Schabziger, ein Käse aus nahezu fettfreier Milch, der mit gemahlenem Klee gewürzt und grün gefärbt wurde. Er kommt als harte, trockene „Stöckli" in den Handel. Mit ihm bereitet man Glarner Knöpfli so:

500 g Mehl, 1 Schabziger-Stöckli (gerieben), 5 Eier,
50 g Butter, Salz, Pfeffer

Das Mehl mit wenig Salz und dem Käsepulver mischen, pfeffern, die verquirlten Eier und so viel Wasser einmengen, dass ein leichter Teig entsteht. In einem grossen Topf Salzwasser zum Kochen bringen. Den Teig mit einem Messer von einem Holzbrett ins kochende Wasser streichen und darin garen. Sie sind essbereit, wenn sie an die Oberfläche steigen. Mit der Schöpfkelle herausnehmen, im Sieb abtropfen, auf eine heisse Platte legen und mit der zerlassenen Butter übergiessen. Schwarzen Pfeffer aus der Mühle darübergeben.

Die Glarner Knöpfli kann man, wenn sie gut abgetropft sind, auch in Butter in der Pfanne leicht anbraten und vor dem Servieren nochmals mit Schabziger-Pulver bestreuen. Reichlich geschmolzene Butter darüber verteilen und Salat dazu reichen.

Käshörnli

Die seltsame Mischung von Schweizer Hartkäse und Süssem, die in der Schweiz sogar beim Militär beliebt ist, findet sich in einem Gericht, das Käshörnli heisst. Hörnli sind die kleinen, gebogenen Maccaroni, die in der Schweiz eine der beliebtesten Beilagen zu allen Gerichten mit viel Sauce sind. Kinder bekommen sie oft mit Apfelmus vorgesetzt. Erwachsene ziehen Käshörnli vor, die so gemacht werden:

300 g Hörnli (fertig gekauft), 1 Zwiebel, 50 g Butter,
200 g Gruyère oder Emmentaler Käse, Salz, Pfeffer,
4 Esslöffel Vollrahm, 1 kg Apfelmus

Die Hörnli werden in leicht gesalzenem Wasser, das sprudelnd kocht, gegart. Bitte „al dente" – sie sollen noch Biss haben! In einem Sieb abtropfen; gut schütteln, damit das Kochwasser aus den Hohlräumen entfernt wird. Die Butter in einer grossen Bratpfanne schmelzen, die sehr fein gehackte Zwiebel darin garen. Mit dem Rahm ablöschen, die Hörnli einmischen. Auf eine heisse Platte geben, pfeffern nach Belieben und mit dem Käse bestreuen. Das Apfelmus getrennt dazu servieren. Hörnli und Käse werden erst auf den Tellern gemischt. Es ist nicht unüblich, auch das Apfelmus unterzumischen und das Gericht dann mit dem Löffel zu essen.

Aelplermagronen

– ist der Name eines Gerichtes, das in der Urschweiz südlich des Vierwaldstättersees entstand. Dort war die Milchwirtschaft eine der wichtigsten Einkommensquellen – neben dem Dienst in fremden Heeren. Die Herden weideten in der guten Jahreszeit auf den Alpen, was im schweizerischen Sprachgebrauch nicht nur die Berge, sondern auch die saftigen Matten an ihrem Fuss bezeichnet. Die Sennen ernährten sich von der Milch der Kühe, von dem, was sie aus dem Tal mitgebracht hatten, und von dem wenigen, was bei den Alphütten wuchs. Dort gab's unter anderem Kartoffeln, die aber nie sehr gross wurden und allein als Nahrung nicht ausreichten. Was taten die klugen Sennen? Sie erfanden die Aelplermagronen. Ein Mischgericht, das jeder modernen Ernährungstheorie ins Gesicht schlägt, aber ebenso nahrhaft wie wohlschmeckend und praktisch ist. Es wird so zubereitet:

400 g Maccaroni, 250 g gekochte Kartoffeln, 200 g Bergkäse (oder vollreifer Gruyère), 1½ l Milch, 1 Zwiebel, 20 g Butter, Salz, Pfeffer

In einem geräumigen Topf die Milch erhitzen, salzen und leicht pfeffern. Sobald sie fast kocht, die Maccaroni zugeben. Öfters rühren, damit nichts anbrennt. Die Zwiebel sehr dünn scheibeln und in der Butter in einer Pfanne leicht anbräunen. Zu den Maccaroni geben. Sobald sie nahezu gar sind, werden die gescheibelten Kartoffeln eingerührt. Das fertige Gericht mit dem Käse mischen und im Topf auftischen.

Nicht nur Maccaroni waren leicht auf eine Alp hinaufzutragen – auch getrocknete Äpfel, Birnen oder Zwetschgen gehörten zur Ausrüstung der Alphütten. Deshalb assen viele Sennen auch Kompott aus getrockneten Früchten des Landes zu den Aelplermagronen. Es soll nicht selten vorgekommen sein, dass sie das Kompott mit Schnaps „vervollständigten". Schnaps ist auch etwas Hochkonzentriertes, das man mit auf die Alp nahm. Übrigens: So ein Senn trägt unschwer 50 Kilo auf dem Rücken. Da hat eine Riesenflasche Schnaps noch viel Platz …

Teigwaren, auf Schweizer Art gekocht

Als ich kochen lernte, war das so. Wir hatten eine liebe Verwandte, die uns eine Zeitlang den Haushalt führte. Sie kam aus einer Gegend, die nicht für ihre beste Küche bekannt war, aber sehr mollige Frauen hervorbrachte. Ausserdem prächtige Gänse, rund, fleischig und mit viel Fett. Weil ich nichts anderes zu tun hatte, schaute ich der Verwandten beim Kochen zu. So lernte ich, Maccaroni zu kochen: Man nehme einen nicht sehr grossen Topf, gibt Wasser und Salz hinein, bringt es zum Kochen und nimmt dann die Maccaroni in die Hand. Da sie zu lang für den Topf sind, bricht man sie ein paarmal durch. Dann deckt man den Topf zu, stellt die Hitze kleiner und nimmt den Topf nach einer halben Stunde vom Feuer. Dann sind die Maccaroni fertig. Im wahrsten Sinne des Wortes: man hat sie fertiggemacht. Sie sind keine Teigwaren mehr, sie sind nur noch Teig.

Leider gibt es auch heute noch Leute, die Teigwaren so misshandeln. Drum sage ich Ihnen rasch, wie man's richtig macht. Nämlich so:

Man nehme einen Topf, der viel Wasser fasst: Auf 100 g Teigwaren mindestens 1 l, lieber 1½ l. Man rechnet die Wassermenge aus, und so viel Wasser füllt man ein. Dazu gibt man etwas Salz – nicht allzu viel. Es gibt eine Schule, die behauptet: man muss einen Löffel Öl hineintun, damit die Teigwaren nicht zusammenkleben. Das Öl kann man sich sparen. Die Teigwaren kleben auch ohne Öl nicht aneinander, wenn man's richtig macht.

Sobald das Wasser kocht, gibt man die Teigwaren hinein. Spaghetti sind meistens zu lang. Man stellt sie ins Wasser, nach ein paar Sekunden wird der Teil unter Wasser weich. Dann schiebt man sie nach, bis sie ganz unter Wasser sind. Sofort nimmt man den Kochlöffel und löst alle Spaghetti auseinander. Das ist ein Kinderspiel. Dann rührt man sie durcheinander und stellt die Hitze so, dass das Wasser gerade noch siedet. Keinen Deckel auflegen, bitte!

Teigwaren haben sehr unterschiedliche Kochzeiten. Die einzige Kochzeit, die sie nicht haben, ist die, die auf der Packung aufgedruckt steht.

Teigwaren kocht man nicht nach der Uhr, sondern nach dem Gefühl. Nach 8 Minuten probiert man ein Stück, das man mit der Gabel herausfischt. Weniger als 8 Minuten Kochzeit haben nur selbergemachte Frischnudeln und die dünnen Suppeneinlagen, die hier Fideli heissen. Sind die Teigwaren nach 8 Minuten noch zu hart, so lässt man sie im Wasser und siedet weiter. Je nach einer Minute probiert man wieder.

Regel: Die Teigwaren sollen zwar gar sein, aber sie müssen noch Biss haben. In Italien nennt man das „al dente”. Wenn sie zu hart sind, nennt man das „al dentista” – nach Art des Zahnarztes; weil man sich dann daran die Zähne ausbeissen könnte.

Sind die Teigwaren gar und noch „al dente”, so gibt man sie sofort in ein Sieb, damit das Kochwasser abläuft. Nicht mit Wasser abspülen; das ist nur notwendig, wenn man das Kochwasser versalzen hat. Teigwaren serviert man nicht als Beilage, sondern als selbständiges Gericht. Am besten verteilt man sie portionsweise in warme Suppenteller, so dass auch noch die Sauce Platz hat. Diese gibt man in die Mitte der Teigwaren, geriebenen Parmesan serviert man getrennt. Jeder nimmt sich so viel, wie ihm behagt. Feinschmecker geben noch ein Stücklein frische Butter oder einen Kaffeelöffel Olivenöl in die Mitte der Sauce. Gemischt wird erst am Tisch mit Löffel und Gabel. Gegessen werden Teigwaren nur mit der Gabel. Ein Messer zu verwenden, wäre geradezu sträflich. Einen Löffel nebst der Gabel verwenden nur Banausen zum Essen. Löffel sind nur zum Mischen gestattet.

Ein bisschen viel Aufwand für ein paar Teigwaren, finden Sie? Nun, Teigwaren sind ein altehrwürdiges Gericht, das schon die Römer vor 2000 Jahren kannten. Was sagen Sie da – Marco Polo habe sie von China mitgebracht, so ums Jahr 1295, kurz nach der Gründung der Schweizerischen Eidgenossenschaft? Stimmt überhaupt nicht. Teigwaren sind viel, viel älter in Europa. Aber die Geschichte mit Marco Polo klingt halt so schön, und deshalb wird sie immer wieder aufgewärmt. Was man mit Teigwaren übrigens nicht tun soll. Nur anbraten darf man sie, wenn's Reste gab. Mit frischer Butter.

Tomatensauce zu Teigwaren

Ganz gewiss gibt's kein uraltes schweizerisches Rezept für Tomatensauce, die zu Teigwaren passt. Das kann es gar nicht geben. Tomatensauce kam erst um die Wende unseres Jahrhunderts in der Schweiz auf, und da war sie nichts anderes als das, was italienische Bauarbeiter auf ihre Teigwaren gossen: verdünntes Tomatenpüree aus der Büchse – kulinarisch nicht gerade etwas von hohem Rang. Inzwischen ist das anders geworden. Tomatensaucen der verschiedensten Arten sind zum alltäglichen Begleiter von Speisen geworden. Sie sind nicht immer unerhörte Meisterleistungen, sehr oft schmecken sie fade. Ich möchte Ihnen deshalb ein Rezept für eine Tomatensauce verraten, die nicht fade schmeckt. Es ist ein nachweisbar schweizerisches Rezept. Ich habe es nämlich selber erfunden. So geht es:

6 vollreife Tomaten, 2 Zwiebeln, 1 Knoblauchzehe, 2 Karotten, 1 Stengel Selleriekraut, 3 dl trockener Rotwein, 2 dl Bouillon, 1 kleine Dose Tomatenpüree, 1 dl Olivenöl Extra Vergine, 1 Mokkalöffel Oregano, Pfeffer, Salz

Legen Sie die Tomaten kurz in kochendes Wasser (so lässt sich die Haut spielend abziehen). Dann werden sie halbiert, entkernt und klein geschnitten. Die Zwiebeln schälen und auf einer feinen Reibe raffeln. Die Knoblauchzehe zerdrücken. Karotten schälen und sehr fein würfeln. Den Selleriestengel, mitsamt den Blättern, sehr klein schneiden. 1 dl Olivenöl in einem Topf erwärmen. Die Zwiebel darin dämpfen. Knoblauch, Karotten und Sellerie zugeben, 3 Minuten mitdämpfen. Mit Bouillon ablöschen. 5 Minuten köcheln. Pfeffern, das Tomatenpüree darin verrühren, den Rotwein zugeben. Zum Kochen bringen und 5 Minuten köcheln. Mit Salz abschmecken, Oregano einrühren. Etwas frisches Olivenöl einmischen. Fertig ist die Tomatensauce.

fig · 9

Kartoffeln auf andere Arten …

Aarau

Nach dem gesunden Prinzip „Man kocht, was man hat” werden die unterschiedlichsten Kartoffelgerichte zubereitet. Sie waren ursprünglich auf die Gegenden beschränkt, wo die Zutaten wuchsen. Inzwischen bekommt man sie aber in der ganzen Schweiz, die alten Namen haben sie jedoch behalten. Dem Kenner zeigen sie an, woher das Gericht kommt.

Maluns

Maluns ist ein Bündner Gericht und geht so:

1 kg Kartoffeln einer mehligen Sorte, Mehl, Salz, Butter oder Schweineschmalz

Die Kartoffeln werden in der Schale gar gekocht, in einem Sieb abgetropft und einen Tag lang beiseite gestellt – nicht im Kühlschrank. Dann schält man sie. Die Hälfte wird so dünn gescheibelt, wie es möglich ist, ohne dass die Scheiben zerbrechen. Die andere Hälfte wird gerieben wie für Kartoffelbrei. Mit zwei Esslöffeln Mehl und Salz nach Geschmack gründlich mischen. In einer eisernen Bratpfanne mit dickem Boden 20 g Butter oder Schmalz schmelzen und die Masse einmischen. Mit der Bratschaufel fortwährend rühren und wenden. Es sollen dabei Klümpchen entstehen. In kleinen Portionen Butter oder Schmalz zugeben und die Hitze etwas grösser stellen. Die Klümpchen sollen goldbraun geröstet werden, aber inwendig noch weich sein. Das braucht Erfahrung – bitte erst zweimal probieren, bis Sie Gäste zum Maluns einladen! Zum Servieren auf eine heisse Platte geben und mit frisch zerlassener Butter begiessen. Maluns isst man zu Milchkaffee, aber auch zu Alpkäse, zu Kompott oder Apfelmus.

Pizòkel

Sie sind eine Spezialität aus dem unteren Engadin und haben möglicherweise Ahnen jenseits der Grenze im österreichischen Gebiet. Das Rezept:

4 gekochte, kalte Kartoffeln, 250 g Mehl, Salz, 2 Eier, Milch

Die Kartoffeln reiben wie für Kartoffelbrei. Mit dem Mehl, Salz nach Geschmack, den gut verklopften Eiern mischen und so viel Milch einmengen, dass ein dicker Teig entsteht. Den Teig portionsweise auf ein Holzbrettchen geben und mit dem Messer Spätzli in kochendes Salzwasser schaben. Sie sollen etwa die Form von Pommes frites haben. Sobald die Pizòkels im Wasser an die Oberfläche steigen, nimmt man sie mit einem Schaumlöffel heraus, tropft sie gut ab und legt sie auf eine sehr heisse Platte. Zum Servieren mit geschmolzener frischer Butter begiessen. Pizòkels eignen sich als Beilage zu Braten mit Sauce, zu Wild und Würsten, aber man isst sie auch mit Salaten oder Apfelmus. Ein Tip: Es lohnt sich, mehr Pizòkels zuzubereiten, als man gerade braucht. Den Rest kann man in Butter anbraten und für eine nächste Mahlzeit verwenden.

Kartoffelkuchen

– ist ein Gericht aus dem südlichen Tessin, das auf den ersten Blick seltsam erscheint. Es enthält nämlich eine reichliche Menge Zimt, ist aber nicht süss. Das Rezept lehnt sich an die mittelalterliche Küche an, die Zimt für gesalzene Speisen verwendete, um ungute Düfte zu übertönen. Zumal Fleischgerichte würzte man fast immer mit Zimt, weil der allzu strenge Geruch des nicht gekühlten Fleisches dann nicht so sehr auffiel. Zimt wurde dadurch zu einem Duft, den man auch bei Gerichten schätzte, die das Parfümieren gar nicht notwendig gehabt hätten. Das Rezept:

1½ kg Kartoffeln einer mehligen Sorte, 1 Zwiebel, 250 g frisch geriebener Parmesan, 3 Eier, 2 gestrichene Esslöffel Zimtpulver, 1 in Milch eingeweichtes Brötchen, 100 g Butter, Salz

Die Kartoffeln schälen, in leichtem Salzwasser weich kochen und nach dem Abkühlen durch ein Sieb drücken. Die Zwiebel hacken und in der Bratpfanne in wenig Butter glasig dünsten. In einer Schüssel mischen: die Kartoffeln, Zwiebel und Käse, Salz nach Geschmack, die verklopften Eier, das zerdrückte Brötchen sowie das Zimtpulver. Gut vermengen, damit der Zimt keine Knollen bildet. Restliche Butter weich werden lassen und einmischen.

Eine Kuchenform einfetten, die Masse hineingeben und bei mittlerer Hitze so lange backen, bis die Oberfläche schön goldbraun geworden ist. Nicht zu viel Oberhitze verwenden, damit der Kuchen gut durchgebacken wird. Passt als Beilage zu Fleischgerichten mit Sauce, aber auch als selbständiges Mahl zu Salat oder Gemüsen.

Pizzòcan

Der Name erinnert an bündnerische Pizòkel, es stammt aber aus dem obersten Teil des Tessins, der Leventina. Es geht so:

400 g Mehl, 3 Kartoffeln, 1 Ei, Salz, Pfeffer, Milch, 100 g Butter, 100 g frisch geriebener Parmesan, 1 Knoblauchzehe

In einer Schüssel das zerklopfte Ei mit Salz und Pfeffer nach Geschmack verrühren. Dann langsam das Mehl einrühren. Mit so viel Milch und gleichzeitig mit der halben Milchmenge an lauwarmem Wasser vermengen, dass ein fester Teig entsteht. Die Kartoffeln schälen, grob würfeln und in Salzwasser garen, dann abgießen. Die Kartoffeln warm halten. 2 l gesalzenes Wasser zum Kochen bringen. Mit einem Kaffeelöffel vom Teig Klösschen abstechen und diese in dem Salzwasser garen, bis sie an die Oberfläche steigen. Abtropfen, mit den Kartoffeln gemischt auf eine heisse Pfanne geben. Die Butter in einer Bratpfanne mit dem unzerschnittenen Knoblauch unter ständigem Rühren auf kleiner Flamme gelblich werden lassen. Den Knoblauch herausnehmen, die Kartoffel-Klösschen-Mischung mit Käse bestreuen und die Butter darüber verteilen. Mit Salat, am besten Tomaten und grüner Salat gemischt, auftischen. Passt auch zu kräftig gewürztem Ragoût.

Aargauer Kartoffel-Schüssel

Sie vereinigt drei verbreitete Produkte der Aargauer Landwirtschaft von ehedem: Kartoffeln, Speck und Äpfel. Drei Produkte zudem, die den Winter über haltbar bleiben. In jedem Bauernhaus waren sie vorhanden, und da es auf die Mengen der Zutaten gar nicht genau ankam, war die Aargauer Kartoffel-Schüssel ein beliebtes Gericht auch bei noch unerfahrenen jungen Hausfrauen. Zudem kann man nahezu beliebig viele Portionen zubereiten – nur die Grösse des Topfes setzt da Grenzen. Kurz: Ein ideales Gericht, mit dem man allen überraschenden Besuchen gewachsen war. Sogar in die Militärküche drang es ein, dank seiner einfachen Zutaten und seines Nährwertes. Aargauer Kartoffel-Schüssel macht man so:

750 g festkochende Kartoffeln, 200 g gut geräucherter Speck, 500 g Äpfel von saurer Sorte, Zucker, Pfeffer, Salz, trockener Weisswein (nicht obligatorisch)

Der Speck wird in schmale Streifen geschnitten und in einem Topf bei kleiner Hitze allseitig leicht angebraten. Gut rühren! Die geschälten Kartoffeln in ca. 5 mm dicke Scheiben schneiden. Die Äpfel schälen, vierteln und entkernen. Sobald der Speck Farbe angenommen hat, Kartoffeln und Äpfel zugeben, leicht salzen und pfeffern. So viel Wasser (oder Weisswein) zugeben, dass alles gerade bedeckt ist. Zugedeckt auf kleiner Flamme mehr ziehen als kochen lassen, bis die Kartoffeln gar sind. Nachsalzen und mit etwas Zucker abrunden.

Waadtländer Kartoffeln

– sind eine Zusammenstellung von Kartoffeln und Lauch, die auch in Frankreich sehr beliebt ist. Dort freilich mehr in Form von Suppe – im Waadtland aber als Gemüse, das sich besonders als Beilage zu gekochten Würsten eignet. Waadtländer Würste bestehen aus grobgehacktem Fleisch erster Qualität, die nicht gekocht werden, sondern in heissem Wasser ziehen sollen. Ich habe nirgendwo sonst auf der Welt so gute Würste gegessen wie im Waadtland. Doch auch Kassler Rippenspeer eignet sich. Das Rezept:

1 kg Kartoffeln (festkochende Sorte), 500 g grüner Lauch, 1 Karotte, Selleriekraut (fakultativ), 1 Bündel Petersilie, Bouillon, trockener Weisswein, Salz, Pfeffer, Muskatnuss

Die geschälten Kartoffeln werden in dicke Scheiben geschnitten. Der gewaschene Lauch wird zentimeterbreit zerteilt, die Karotte in sehr dünne Scheibchen geraffelt. In einen Topf geben, mit der gehackten Petersilie mischen, leicht salzen, etwas geriebene Muskatnuss und Pfeffer nach Belieben zugeben. Mit einer Mischung von ⅔ Bouillon und ⅓ Weisswein gerade bedecken. Zugedeckt auf kleiner Hitze so lange köcheln, bis die Kartoffeln gar sind. Mehrmals rühren.

Kartoffelkäseküchlein

Sie sind wieder einmal eine Resteverwertung. Selbst wenn Kinder im Hause sind, kommt's mitunter vor, dass man zuviel Kartoffelbrei gekocht hat, der dann so verwendet wird:

500 g Kartoffelbrei, 100 g geriebener Emmentaler Käse, 2 Eier, 2 Esslöffel Mehl, Milch, Schnittlauch oder Petersilie, Muskatnuss, Salz, Pfeffer, Butter oder Schmalz

In einer Schüssel werden Kartoffelbrei, etwas geriebene Muskatnuss, gehackter Schnittlauch (oder Petersilie), das Mehl, Salz und Pfeffer nach Belieben gut gemischt und dann mit wenig Milch zu einem Teig gerührt, der nicht zu dünn sein darf. In der Bratpfanne Butter oder Schmalz heiss machen und mit dem Löffel Teig daraufgeben. Den Teig mit dem Löffel aussen abrunden, so dass Küchlein entstehen. Sobald die Unterseite goldgelb gebacken ist, dreht man die Küchlein um und bäckt die andere Seite. Es empfiehlt sich, eine grosse Bratpfanne zu verwenden, in der man für jeden Esser zwei Küchlein auf einmal backen kann. Sie sollen nämlich sofort auf den Tisch kommen und gleich gegessen werden. Gemischter Salat schmeckt am besten dazu. Man kann auch Kügelchen aus dem Teig formen, sie in Paniermehl wenden und dann in der Pfanne unter fortwährendem Schütteln allseitig goldgelb backen. Sie eignen sich als Snacks für einen Apéro oder als Garnitur für einen Fleischgang.

Notizen & weitere Rezepte:

fig. 10

Neuenburg

Den Schweizer Konsumenten geht's heute nicht anders als den Konsumenten anderer Länder: sie bekommen Gemüse, die wunderschön aussehen, völlig frei sind von Schnecken, Würmern, Insekten und anderen Gemüsefreunden – aber schmecken tun sie nach immer weniger. Das ist um so bemerkenswerter, als ja Gemüse durchaus im Trend unserer heutigen Zeit liegen und gern gegessen werden. Mit der Zeit zeigt sich aber in der Schweiz ein erfreuliches Umdenken. Hier und dort sind bereits vor Jahren Produzenten auf den Gedanken gekommen, Gemüse mit Eigengeschmack zu erzeugen. Es gibt Bio-Farmen, die nach biologischen Methoden der verschiedensten Art Anbau betreiben, und es gibt private Produzenten, die in kleinem Rahmen vollwertige Gemüse erzeugen. Das meiste davon kaufen Wirte und Küchenchefs der besten Häuser, aber für Private bleibt noch immer etwas übrig.

Die Gemüsegerichte der Schweizer Küchen erfordern hochwertige Produkte, da sie meistens mit sehr wenig würzenden Zutaten auskommen sollten. Es ist also gut, wenn man sich Gemüse höchster geschmacklicher Güte verschafft und nicht nur auf den äusseren Schein abstellt! Die Bezugsquellen sind vorderhand noch Geheimtips, aber ich vermute, dass in den nächsten Jahren immer mehr solcher Qualitätsprodukte auf den Markt kommen. Auch wenn die Preise höher sind als für Allerweltsgemüse, rentiert sich's, sie zu kaufen. Lieber etwas weniger, dafür aber besser!

Speck mit Karotten

Das Gericht kommt aus der Westschweiz, kann aber ohne Schwierigkeiten überall zubereitet werden, wo es guten, nicht zu stark geräucherten Speck gibt. Er soll gut durchzogen, aber nicht zu fett sein und sich zum Kochen eignen. Die Zubereitung geht so:

1 kg nicht zu fetter, geräucherter Speck, 1 kg Karotten, 2 Zwiebeln, 1 Knoblauchzehe, Bouillon oder trockener Weisswein, Salz, Pfeffer, 25 g Butter, Rosmarinstengel

Die Karotten putzen und in Streifen schneiden. Die Zwiebeln grob hacken. Den Knoblauch zerdrücken. Den Speck in vier gleichgrosse Scheiben schneiden. In einer Kasserolle die Butter schmelzen und Karotten, Zwiebeln sowie Knoblauch darin unter öfterem Rühren andünsten. Inzwischen den Speck in wenig Wasser, das ihn gerade bedeckt, in einem Topf eine Zeitlang köcheln, damit er heiss wird und etwas Fett verliert. Zu den Karotten so viel Bouillon oder Weisswein geben, dass sie knapp bedeckt sind. Ein Zweiglein Rosmarin einlegen. Salzen und pfeffern nach Geschmack. Den abgetropften Speck darauflegen und zugedeckt 1 Stunde bei kleiner Hitze köcheln. Wenn der Deckel nicht gut schliesst, nach einiger Zeit etwas Wasser zugeben, um den durch das Verdampfen entstandenen Verlust zu ersetzen. Das fertige Gericht mit Rösti oder frischem Weissbrot auftischen.

Zucchini in Carpione

Seltsame Früchte sind jenes gurkenähnlichen Gemüse, für das es kein richtiges deutsches Wort gibt. Auf Italienisch heissen sie Zucchetti (wenn sie gross sind wie Fussballerbeine) oder Zucchini, wenn sie klein sind wie Babyärmlein. Als sie vor etwa zwanzig Jahren auf den Märkten der Schweiz auftauchten, wusste man nichts anderes mit ihnen anzufangen, als sie zusammen mit Tomaten und Peperoni (auf Deutsch: Tomatenpfeffer) in Olivenöl zu kochen – was dann Ratatouille hiess. Im Tessin kennt man sie schon länger und macht aus ihnen allerlei Gutes. Etwas Ausgezeichnetes ist die Zubereitungsart „in carpione", was eigentlich „nach Karpfenart" bedeutet, weil man auf gleiche Weise auch Fische präpariert. Zucchini in Carpione sind eine beliebte Vorspeise, lassen sich aber auch als Beilage zu gebratenem Fleisch oder zu gekochtem Rindfleisch verwenden. Man macht sie so:

1 kg Zucchini, 3 Schalotten, 3 Knoblauchzehen, ½ l Rotweinessig, Olivenöl Extra Virgine, Salz, Pfeffer, 4 frische Salbeiblätter

Die Zucchini werden gründlich gewaschen, am besten mit Hilfe einer Bürste, dann abgetrocknet und der Länge nach in Scheiben von 1 cm Dicke geschnitten. Dicker dürfen die Scheiben sein, aber nicht dünner. Etwas Olivenöl in einer emaillierten Bratpfanne erhitzen und die Scheiben darin beidseitig braten, bis sie

Farbe angenommen haben. Dann abtropfen und auf Küchenpapier vom Öl befreien. Sobald sie abgekühlt sind, legt man sie auf eine geräumige Porzellanplatte. Nun macht man die Marinade. Dazu erwärmt man in einem Topf aus Chromstahl oder Email etwas Olivenöl und gibt die feingehackten Schalotten, die zerdrückten Knoblauchzehen und die Salbeiblätter hinein. Etwas darin anziehen lassen, dann mit dem Essig ablöschen, salzen, pfeffern und 2 Minuten lang köcheln. Sofort über die Zucchini verteilen, zudecken und 24 Stunden ziehen lassen. Zum Genuss tropft man die Stücke ab und legt sie in eine flache Schale. Man kann auch diverse Hors d'œuvre mit ihnen garnieren.

Steinpilze in Essig

Aus dem Tessin stammt ein Rezept für Steinpilze, das sich für Hors d'œuvre eignet. Steinpilze sind im Tessin ziemlich häufig, aber die guten Standorte sind natürlich allgemein bekannt, und wenn man die Pilze suchen geht, sind sie fast immer schon gepflückt und erscheinen dann auf den Märkten. Zu recht kräftigen Preisen, nota bene. Wer eine gute Quelle für frische Steinpilze kennt, kann sie auf Tessiner Art zubereiten als Steinpilze in Essig. Das Rezept:

1 kg frische Steinpilze, Salz, 4 Lorbeerblätter, 20 Wacholderbeeren, 12 schwarze Pfefferkörner, 1 Kaffeelöffel Senfkörner, Weissweinessig, 1 Rosmarinstengel, 1 Estragonstengel

Die Pilze werden geputzt und in mundgerechte Stücke geschnitten. Leicht gesalzenes Wasser in einem Topf zum Kochen bringen und die Pilze hineingeben. Gut mit dem Holzlöffel ins Wasser drücken! 5 Minuten sprudelnd kochen. Falls sich Schaum bildet, wird er mit einem Schaumlöffel entfernt. In einem Sieb 2 Stunden abtropfen – zugedeckt. Gelegentlich schütteln, um das Wasser zu entfernen.

Die abgetropften Pilze in ein mit kochendem Wasser gereinigtes Glas mit Schraubdeckel füllen. Lorbeer, Pfefferkörner und Wacholderbeeren zugeben. Weissweinessig in genügender Menge mit Rosmarin und Estragon zum Kochen bringen (Emailtopf!)

und so heiss wie möglich über die Steinpilze giessen. Sie müssen alle vom Essig bedeckt sein! Nach 3 Tagen sind die Steinpilze genügend mariniert und können zum Hors d'œuvre gereicht werden. Sie sind im Kühlschrank haltbar, aber nach 2 Wochen sollten sie gegessen sein. Den Deckel immer wieder daraufschrauben!

Morchelschnitten

Frische Morcheln sind in der Schweiz selten geworden und deshalb sehr teuer. Wer Glück hat und Morcheln findet, kann sie zu einer typisch westschweizerischen Vorspeise verwenden: Morchelschnitten. Man macht sie so:

4 Scheiben Weissbrot ohne Rinde, 200 g frische Morcheln (zur Not: 100 g), 3 feingehackte Schalotten, 1 gestrichener Esslöffel Mehl, 50 g Butter, 4 Esslöffel trockener Weisswein, 2 dl Vollrahm, Salz, Pfeffer, Cayennepfeffer

Die Brotscheiben werden in wenig Butter in der Bratpfanne beidseitig goldgelb gebraten und beiseite gestellt. Die Morcheln gut putzen (nicht waschen!), von allem Sand befreien und der Länge nach in Stücke schneiden; grosse in 6, kleinere in 4 Stücke. In einem Chromstahltopf in 25 g Butter die Schalotten anziehen lassen. Dann die Morcheln zugeben. Rühren und zugedeckt auf kleinster Hitze 10 Minuten ziehen lassen. Mit dem Mehl überstäuben, mit dem Weisswein ablöschen, den Rahm untermischen, salzen und pfeffern. Die Flüssigkeit auf dem Feuer eindicken, bis sie zu einer Crème geworden ist. Die Brotschnitten auf heisse Teller legen und Morcheln samt Sauce darüber verteilen. Dazu schmeckt am besten ein trockener Schweizer Weisswein – Aigle, Yvorne oder Dézaley zum Beispiel. Bitte keinen allzu aromatischen Wein wählen – der Morchelduft soll ungestört zur Geltung kommen!

Spargeln mit Alpkäse

Wenn die Morcheln wachsen, gibt's in der Schweiz auch Spargeln. Die besten kommen aus dem Wallis und sind weiss, dick und aromatisch. Man kocht Spargeln in leichtem Salzwasser, bis sie noch ein wenig Biss haben. Dann isst man sie mit der Hand und begleitet sie mit brauner Butter, Mayonnaise oder Sauce Hollandaise, seltener mit Sauce Vinaigrette. Als Gemüse werden Spargeln heutzutage nur noch sehr selten zubereitet, aber es gibt dennoch ein sehr gutes Rezept, das aus dem Wallis stammt und früher recht verbreitet war: Spargeln mit Alpkäse. Das geht so:

1 kg Spargeln von bester Qualität, 100 g geriebener Walliser Alpkäse, 100 g Butter, Salz

Die geputzten Spargeln werden unzerteilt in kochendes, leicht gesalzenes Wasser gegeben. Sobald sie gar sind, aber noch Biss haben, nimmt man sie heraus, lässt sie auf einem Sieb abtropfen und gibt sie auf eine sehr heisse Platte. Dann überstreut man sie mit dem geriebenen Käse, verteilt leicht angebräunte Butter der ganzen Länge nach über sie und – jetzt kommt der Gag: Man hat im Feuer eine eiserne Bratschaufel glühend gemacht und führt sie nun langsam über den Käse. Der wird leicht angebräunt und gibt eine köstliche Kruste. Statt der billigen Bratschaufel besitzen moderne Hobbyköche einen sogenannten „Salamander", der den selben Zweck erfüllt und einige hundert Mark kostet – wenn nicht mehr. Ich empfehle die Bratschaufel. Man findet gelegentlich eine auf dem Flohmarkt – bitte sofort zugreifen! Andernfalls wende man sich an einen Dorfschmied, Mechaniker, Bauschlosser oder so – das sind Handwerker, die einem so ein Ding unschwer zusammenschweissen können. Vorausgesetzt, man schildert ihnen, wie es aussehen muss. In der Berufslehre kommen sie damit nämlich nie in Berührung ...

Fladen aus Kastanienmehl

Kastanien zählen hier zum Gemüse, aber sie werden natürlich im Winter auch in Holzkohlenöfen auf der Strasse geröstet. Früher waren die „Kastanienmänner" meistens Tessiner, die in der warmen Jahreszeit als „Eismänner" arbeiteten und „gelati" verkauften – Speiseeis verschiedener Arten, im eigenen Haushalt hergestellt. Kastanien – in der Schweiz benützt man meistens ihren italienischen Namen „marroni" – werden natürlich überall gegessen, wo sie wachsen, aber das ist keine schweizerische Spezialität. Typisch tessinerisch hingegen sind Fladen aus Kastanienmehl. Man kann sie im Backofen auf einem Blech zubereiten. Viel besser schmecken sie jedoch vom heissen Stein: Eine flache Granitplatte, die man im Kaminfeuer sehr heiss werden liess, wird mit dünnem Fladenteig belegt, und im Nu sind die Fladen fertig.

Sie haben dazu den leisen Rauchgeschmack, der sie zur Köstlichkeit macht. Wer einen Kamin in der Wohnung hat, kann's versuchen. Statt Granitplatten lassen sich auch sehr hart gebrannte Bausteine (Klinker) verwenden. Neuerdings gibt es eine italienische Konstruktion: den „heissen Stein", meistens eine Platte aus spezieller Steinart der Gegend um Trient, die man im Backofen (oder in einem Elektroofen) sehr heiss macht und auf einer feuerfesten Unterlage auf den Tisch bringt. Er eignet sich ausgezeichnet zum Fladenbacken. Das Rezept heisst:

250 g Kastanienmehl, 250 g Roggenmehl, 1 Kaffeelöffel Kümmel, Salz

Die beiden Mehlsorten werden gründlich gemischt. Dann kommt etwas Salz nach Geschmack hinein sowie der Kümmel. Mit wenig handwarmem Wasser macht man daraus einen Teig, der eine Zeitlang ruhen sollte und dann zu sehr dünnen Fladen zurechtgedrückt wird. Backen, wie oben angegeben, und heiss geniessen. Mit frischer Landbutter schmeckt's am besten, aber auch ein Tessiner Schafkäse oder ein italienischer Pecorino ergänzt die Fladen aufs beste.

Weisskraut

Im rauhen Klima der Schweizer Voralpen pflanzte man in früheren Zeiten Gemüse an, die dort noch gut wachsen, aber auch die harte Winterszeit überdauern konnten. Zu ihnen gehörten die verschiedenen Kohlarten. Vor allem Weisskraut – Kabis genannt – war beliebt, weil sehr vielseitig zu verwenden. Kombiniert wurde das Weisskraut mit anderen haltbaren Produkten der Region – Speck, Dauerwürsten, Trockenfleisch, Kartoffeln, Zwiebeln, getrocknetem Obst und dergleichen – und so entstanden schmackhafte Gerichte unkomplizierter Art. Man trifft in der Schweiz sehr selten Salzfleisch an. Das hat Gründe. Bevor der moderne Schweizer Staat gegründet wurde, der das Salzmonopol zuerkannt bekam, war das Salz eine Spekulationsware in der Hand von mächtigen Handelsherren – und deshalb war es teuer. Man verwendete Salz so sparsam wie möglich, und schon gar nicht fürs Konservieren, wozu man grosse Mengen gebraucht hätte. Fleisch wurde daher lieber durch Trocknen an der Luft oder durch Räuchern dauerhaft gemacht.

Engadiner Kabiseintopf

Ein Gericht aus Weisskraut hat sich im Engadin erhalten. Es ist ein richtiger Eintopf und enthält alles, was man zu einer nahrhaften Speise braucht. Dieser Kabiseintopf wird so gemacht:

1 Weisskraut-Kopf, 8 Kartoffeln, 2 Zwiebeln, 50 g Butter, 200 g geräucherter Speck, Bouillon, Salz, Pfeffer, 1 Mokkalöffel Thymian, 2 dl Vollrahm

Die Krautblätter werden gelöst, vom dicken Strunk befreit und in zentimeterbreite Streifen geschnitten. Dann blanchiert man sie in leichtem Salzwasser 10 Minuten lang – das Wasser darf nicht sprudeln, sondern soll nur leicht sieden. Die Kartoffeln zugeben und so lange köcheln, bis sie knapp gar sind. In ein Sieb geben und abtropfen. In einer Kasserolle die Butter schmelzen, die grobgehackten Zwiebeln glasig dünsten. Kartoffeln und Kraut mit den Zwiebeln gut mischen, Thymian einmengen, ebenso den in schmale Streifen geschnittenen Speck, pfeffern. So viel Bouillon einfüllen, dass sie 2 cm unter der Oberfläche steht. Jetzt erst vorsichtig salzen und gut mischen. Zum Kochen bringen und 5 Minuten köcheln. Den Rahm einmischen, nochmals aufkochen und in der Kasserolle servieren. Mit frischem Weissbrot oder dunklem Bauernbrot reichen. Am besten schmeckt dazu ein Glas Veltliner Rotwein. Das ist zwar kein Schweizer Wein, weil das Veltlin längst zu Italien gehört, aber er wird in Graubünden so viel getrunken, als wäre er einheimisch. Bitte trinken Sie den Veltliner kühl!

Tessiner Rotkraut

Zu den Wintergemüsen gehört auch Rotkraut. Es wird, weil es überall in der Schweiz vorkommt, auf die verschiedensten Arten zubereitet. Mir gefällt ein Tessiner Rezept am besten. Es enthält Zimt, was ein ungewöhnliches Gewürz für Gemüse ist – aber die Gewohnheit, mit Zimt zu würzen, hat sich seit dem Mittelalter im Tessin erhalten und gehört längst zur richtigen Folklore. Man macht Tessiner Rotkraut so:

1 Kopf Rotkraut, 50 g Butter, ½ l trockener Tessiner Merlot-Wein, 1 Kaffeelöffel Zimt, 10 Walnüsse, Salz, Pfeffer

Der Krautkopf wird halbiert. Man entfernt Strunk und dicke Rippen und schneidet das Kraut in dünne Streifen. In einer Kasserolle die Butter schmelzen, das Kraut hinzugeben und auf mittlerer Hitze unter öfterem Wenden anziehen lassen. Salz, Pfeffer und den Zimt einmischen. Die Nusskerne grob hacken und in ganz wenig Butter in einer Bratpfanne leicht anrösten. Unter das Kraut mischen. Den Merlot einfüllen. Auf kleiner Hitze erst zugedeckt garen, dann noch bei grösserer Hitze offen ein paar Minuten kochen, um die Sauce einzudicken. Schmeckt ausgezeichnet zu Tessiner Würsten, zu dunklem Fleisch, Wild, Wildgeflügel, Gänse- und Entenbraten, gekochtem Speck und Schinken. Das Tessiner Rotkraut ist aber auch als selbständige Speise zu verwenden, dank seines würzigen Geschmacks.

Eine Bemerkung zum Wein. Früher gab's im Tessin keine Merlot-Reben, weshalb man den Wein der einheimischen Bòndola-Rebe verwendete. Der ist heutzutage kaum noch zu finden. Italienischer Merlot eignet sich ebenfalls für dieses Gericht, sofern er völlig trocken ist und eine dunkle Farbe hat. Solchen Merlot habe ich vor allem im Gebiet von Montello und Asolani in der Provinz Veneto gefunden. Billige und helle Merlot-Weine sind ungeeignet.

Sauerkraut

Sauerkraut ist keine Schweizer Erfindung. Ob es ursprünglich in Niedersachsen heimisch war oder in Böhmen (beide Hypothesen gibt's), ist unklar. In die Schweiz kam es jedoch auf dem Umweg über Paris, wohin es quasi als Kriegsbeute-Rezept von Soldaten mitgebracht worden war. Dort lernten Schweizer Söldner am französischen Königshof das wohlschmeckende Sauerkraut kennen und brachten die Technik der Herstellung und Zubereitung mit zurück in ihre Heimat. Sauerkraut wird in den verschiedenen Gebieten der Schweiz recht unterschiedlich gekocht. Aus Basel stammt das Rezept, das ich hier anführe:

1 kg gewaschenes Sauerkraut, ¼ l Edelzwicker oder Riesling aus dem Elsass, 1 Zwiebel, 50 g Butter, 1 grosse, rohe Kartoffel, Wacholderbeeren, Kümmel, Salz, Pfeffer, Bouillon, Baselbieter Kirschwasser

In einer Kasserolle, die einen gut schliessenden Deckel besitzt, die Butter schmelzen und die feingehackte Zwiebel glasig dünsten. Das Sauerkraut gut zerzupfen und mit der Zwiebel mischen. Ein paar Minuten andünsten, öfters wenden. Die Kartoffel mit einer feinen Reibe sehr klein raffeln und samt Wacholderbeeren und Kümmel ins Kraut mengen. Salzen und pfeffern. So viel Weisswein einfüllen, dass er gerade die Oberfläche bedeckt. Zum Kochen bringen und bei aufgelegtem Deckel 3 Stunden lang köcheln. Falls allzu viel Flüssigkeit verdampft, füllt man das Manko mit Bouillon auf. Kurz vor Ende der Kochzeit den Deckel abnehmen, zwei Gläschen Kirsch einrühren. Jetzt reduziert sich die Flüssigkeit von allein, doch falls es noch zu viel von ihr gibt, die Hitze grösser stellen und den Saft etwas einkochen. Das Sauerkraut soll gut feucht sein, aber nicht im Saft schwimmen!

Dieses Sauerkraut passt zu allem, wozu man gern Sauerkraut isst, inbegriffen gebratene Fische.

Notizen & weitere Rezepte:

fig. 11

Käse – ein Mädchen für alles

Greyerz (Gruyère)

Man kocht, was man hat – dieser Grundsatz bedeutet in der Schweizer Küche: man kocht viel mit Käse. Deshalb müssen wir uns zuerst einmal über Käse unterhalten.

Käse ist eine Milchkonserve. Es gibt keine zweite Methode, um Milch auf einfache Art haltbar zu machen. Käse enthält alle wertvollen Bestandteile der Milch in dauerhafter Form. Je besser die Milch, desto besser auch der Käse. Je besser die Weide, auf der die Kühe grasen, desto besser die Milch, und desto besser der Käse. Das macht die Schweiz mit ihren vielen Kuhweiden in alpinen Gebieten, wo zwischen dem Gras würzige Kräuter aller Arten wachsen, zu einem der bevorzugten Käseländer der Welt. Das gilt vor allem für die Hartkäse: Emmentaler, Greyerzer (Gruyère) und Sbrinz.

Auch einige Halbhartkäse werden in der Schweiz besser als irgendwo sonst auf der Welt. Ein Musterbeispiel ist der Appenzeller Käse. Er geht auf viele Jahrhunderte ungebrochener Tradition zurück, aber erst in den letzten Jahrzehnten wurde er weltweit bekannt und geschätzt. Das ist nicht nur auf eine sehr gute Werbung zurückzuführen, sondern vor allem auf seinen würzigen Geschmack, den ihm kein anderer Käse streitig machen kann. Der stammt daher, dass der Appenzeller Käse während der Reifung mit einer streng geheimen Lake eingerieben wird, die ihm Aroma und Vollmundigkeit gibt. Ähnlich der Tilsiter Käse. Einst wurde er von Schweizer Käsern in Ostpreussen bereitet. Heute stellt man ihn in der Ostschweiz her, wo er sogar noch besser wird als in seiner früheren Heimat.

Was die Schweizer Hartkäse von den meisten ausländischen Produkten ähnlicher Art unterscheidet, ist die Art der Herstellung. Sie werden nämlich nicht in grossen Fabriken möglichst einheitlich produziert, sondern in kleinen handwerklichen Betrieben: in Dorfkäsereien. In den milchreichen Gebieten des Emmentals zum Beispiel genügt eine einzige Käserei im Dorf nicht, um alle Milch der Gemeinde in Käse umzuwandeln. Dort gibt es daher zwei, drei und mehr Käsereien. Die Käser, die hier arbeiten, haben zwar ihre Ausbildung meistens in der selben Käserschule bekommen, und die Milch, ihr Rohstoff, stammt von Weiden, die nahe beieinander liegen, ja manchmal unmittelbar aneinander grenzen. Dennoch schmeckt jeder Käse aus den verschiedenen Käsereien unterscheidbar anders. Dazu kommt noch, dass Hartkäse zum Glück nicht aus pasteurisierter Milch gemacht werden können. Was aus hygienischen Gründen auch nicht erforderlich ist, da die Milch während der Herstellung stark erwärmt wird und dadurch ungute Keime, die sie vielleicht enthalten hätte, völlig verliert. Käse aus pasteurisierter Milch hat die schlechte Eigenschaft, dass er kaum oder gar nicht reifen kann. Er wird bei der Produktion auf einen verkäuflichen Reifegrad gebracht, und den behält er dann. Er reift nicht mehr – er trocknet nur noch aus. Käse aus Rohmilch hingegen reift langsam vor sich hin. Deshalb kann man ihn in einem guten Käsegeschäft just in dem Reifegrad kaufen, der einem am besten zusagt. Was erfordert, dass einem im Geschäft ein kleines Stücklein zum Probieren gegeben wird – und das ist in schweizerischen Käsegeschäften durchwegs der Fall.

Selbstverständlich werden in der Schweiz auch die anderen Käsetypen hergestellt: Weissschimmelkäse wie Camembert und Brie, Rotschimmelkäse von der Art des Limburgers und des Münsterkäses. Was in der Schweiz fehlt, sind Blauschimmelkäse von der Art des Roquefort und des Gorgonzola. Hingegen gibt es ausgezeichnete Frischkäse, sehr gute Käse aus Ziegen- und Schafmilch und natürlich die Schmelzkäse, die man in der Schweiz nach ihrem einheimischen Erfinder „Gerberkäsli" nennt, auch wenn sie von anderen Betrieben hergestellt wurden. Man bekommt diese Schmelzkäse zum Teil mit Beimischungen wie Schinken, Salami, Schnittlauch, Kümmel und Schabziger zu kaufen. Sie werden aus Hartkäsen hergestellt, die bei ihrer Reifung zwar nicht an Qualität, aber an äusserer Schönheit etwas eingebüsst haben und darum schwerer verkäuflich wären.

Der Schweizer ist ein sehr käsebewusster Mensch. Das führt dazu, dass er beim Käsekauf hohe Ansprüche an Güte und an Aussehen stellt. Manche Käsesorten, vor allem fabrikmässig hergestellte, die im Ausland in grossen Mengen konsumiert werden, sind in der Schweiz schlichtweg unverkäuflich. Wer im Ausland Schweizer Käse bekommen möchte, die tatsächlich aus der Schweiz stammen und den schweizerischen Ansprüchen genügen, muss darauf achten, dass sie den Vermerk „Switzerland" tragen.

Das gilt vor allem für Emmentaler Käse und für Greyerzer. Die Schweiz hat es leider unterlassen, für diese beiden Käsesorten einen Titelschutz durchzusetzen, wie er zum Beispiel für Roquefort besteht. Man kann deshalb irgendwo auf der Welt einen Käse vom Typ Emmentaler oder Greyerzer fabrizieren und ihn „Emmental" oder „Schweizer Käse" oder „Gruyère" nennen. Den Unterschied merkt man erst beim Essen. Dann aber meistens sehr gründlich ...

Geschwellte mit Käs

So heisst das einfachste Käsegericht. Es besteht aus Kartoffeln, die mit der Schale gedämpft wurden, Pell- oder Schalkartoffeln, hier „geschwellte Härdöpfel" genannt. Dazu gibt es eine schöne Portion Hartkäse am Stück, von dem sich jeder so viel abschneidet, wie er mag. Hartkäse in Scheiben geschnitten zu kaufen, ist nicht schweizerische Art. Man belegt auch keine Butterbrote mit Käsescheiben. Den Schweizer kennt man daran, dass er Hartkäse in Stücken von 50–100 Gramm auf den Teller legt, mit dem Messer eine mundgerechte Portion davon abschneidet, sie mit dem Messer aufspiesst und so zum Munde führt. Dazu isst er Brot, das er von einer dicken Scheibe bissenweise abbricht.

Zu Pellkartoffeln mit Käse gibt es manchmal Butter, niemals aber Senf, und als Getränk das, was in der Gegend heimisch ist. In der deutschsprachigen Schweiz ist das meistens Milchkaffee, in der welschen Schweiz ist's Wein. Bier trinkt kaum jemand zu diesem Gericht. Wichtig ist, dass die Kartoffeln mehlig sind und dass sie wirklich nur gedämpft, aber nicht in viel Wasser gekocht wurden. Jeder schält sie am Tisch selber. Wenn sie jung sind, isst man sie mitsamt der Schale. In ländlichen Gegenden der Schweiz stellt die Hausfrau nicht nur Käse auf, sondern dazu auch Konfitüre. Die Verbindung von Käse mit süsser Marmelade hat für den Schweizer nichts Seltsames.

Käseplatte

– ist die nächsthöhere Stufe des Käsegenusses. Wie der Name sagt, besteht sie aus einer Platte, auf der Käse serviert wird. Die Platte ist im Idealfall ein ebener Holzteller, auf dem man sich von den angebotenen Käsen jeweils so viel abschneidet, wie's einem beliebt. Dazu gibt es frische Butter am Stück, eine Schüssel mit Pellkartoffeln, mindestens zwei verschiedene Sorten Brot und ein passendes Getränk. Milchkaffee, roter oder weisser Wein, Apfelsaft, Apfelwein, Milch passen am besten. Gar nicht passt Mineralwasser, und wer Coca oder ein anderes Kunstgetränk dazu verlangt, darf sich nicht wundern, wenn man den Vorwurf der Barberei erhebt. Naturprodukte wie Käse erfordern als Begleitung ebenfalls Naturprodukte.

Bei der Zusammenstellung der Käsesorten für eine Käseplatte hat man alle Freiheiten. Hier werden natürlich Schweizer Käsesorten bevorzugt. Unverzichtbar für eine gute Käseplatte sind: Emmentaler oder/und Gruyère, Appenzeller, ein Walliser Bergkäse, ein „Tomme" aus der Westschweiz. Letzteres ist ein kleiner, runder Käse, der eine gewisse Ähnlichkeit mit Limburger aufweist, jedoch viel vornehmer und zurückhaltender duftet. Zu diesem Grundsortiment können Sie natürlich andere Käse nach Belieben beigeben. Wenn sich's um Käse mit weissem Schimmel, Ziegenkäse und um Blauschimmelkäse handelt, sind französische Sorten angebracht. Sie harmonieren gut mit Schweizer Käsen, was man von Käsen anderer Herkunft nicht immer sagen kann.

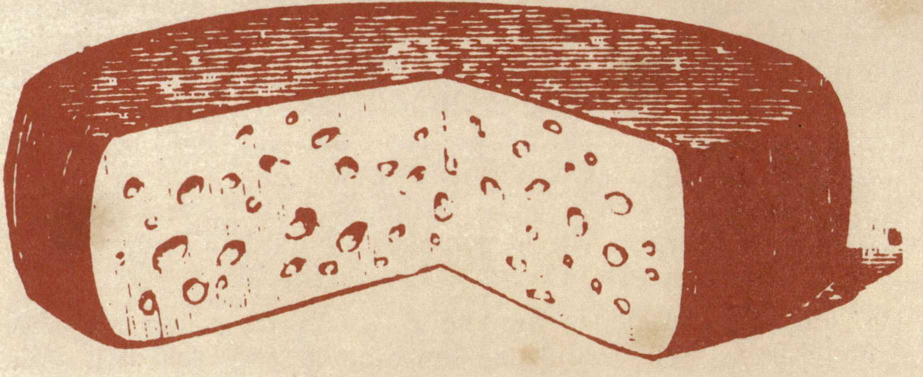

In der Schweiz gelten Käseplatten schon seit Jahren als salonfähige Mahlzeiten. Zudem erspart's der vielbeschäftigten Hausfrau lange Arbeit, wenn sie statt einem Mahl mit mehreren Gerichten nur eine Platte mit einer schönen Käseauswahl auftischt. Dass sie dazu bei gehobenen Anlässen auch Weine besserer Qualität aufstellt, gehört sich. Wein und Käse passen ausgezeichnet zueinander und heben gegenseitig den Genuss an.

Käseschnitten

Hier das Rezept für die einfachste warme Käsespeise der Schweiz:

Weissbrot (entrindet, nicht krümelnd), 400 g Emmentaler Käse oder Gruyère, Weisswein, Pfeffer, Paprika, Cayennepfeffer

Wärmen Sie den Backofen auf mittlere Hitze vor. Befeuchten Sie die Brotscheiben mit Weisswein und streuen Sie etwas Pfeffer aus der Mühle auf. Legen Sie auf jede Schnitte eine Scheibe Käse – etwa 100 Gramm. Geben Sie die Schnitten auf einem leicht eingefetteten Backblech in den heissen Ofen. Sobald der Käse geschmolzen ist und zu brutzeln beginnt, servieren Sie die Käseschnitten auf heissen Tellern. Stellen Sie dazu eine Mühle mit schwarzem Pfeffer und Streuer mit Paprika und Cayennepfeffer zur Selbstbedienung auf. Dazu trinkt man weissen oder roten Wein, in Ausnahmefällen auch kühlen Rosé.

Käseschnitten auf andere Arten können Sie nach Belieben selber erfinden. Wichtig ist nur: der Käse muss Schweizer Emmentaler oder Gruyère sein. Das betone ich nicht ohne Grund. Probieren Sie ruhig einmal Käse gleichen Namens, aber anderer Herkunft aus. Sie werden feststellen: der Käse schmilzt nicht richtig, sondern er bekommt eine harte Oberfläche und sieht bald aus wie ein kleines Kissen aus Plastikfolie. Die Schweizer Käse aber schmelzen gemütlich vor sich hin. Der Grund liegt in den verschiedenen Arten von Eiweissen, die in den Käsen enthalten sind, sowie in dem Zusammenspiel von Fett und Eiweiss im Käse.

Ein paar Tips: Belegen Sie die Brotschnitte zuerst mit einer Scheibe gekochtem Schinken – mit dünnen Speckscheiben – mit

Bündnerfleisch – mit dünn gescheibelten Pilzen, die leicht in Butter angedünstet wurden – mit Scheiben von Salz- oder Gewürzgurken – mit einer dünnen Scheibe von frischer Ananas – mit Apfelscheiben – mit braunen Zwiebelringen – mit irgendetwas anderem nach Ihrer Phantasie. Sie können auch auf die fertige Käseschnitte ein Spiegelei legen oder sie mit leicht angedünsteten Streifen von Tomatenpfeffer verzieren – oder was Ihnen sonst noch so einfällt.

Ein Wort zum Pfeffer! Warmer Käse schreit geradezu nach dem Aroma von Pfeffer, aber nicht nach dessen Schärfe. Ein bisschen pfeffrige Schärfe ist gut – aber nicht zuviel. Deshalb vermeiden Sie den üblichen Pfefferstreuer mit mehlfein gemahlenem weissen Pfeffer darin. Verwenden Sie statt dessen eine Pfeffermühle, die sich auf grob einstellen lässt, und füllen Sie die mit Körnern von schwarzem Pfeffer. Frisch gemahlen gibt er das volle Aroma, aber nur ganz wenig Schärfe.

Käsesuppe

Käsesuppe ist eine beliebte und sehr einfach zu bereitende Speise, vor allem in der Westschweiz. Man macht sie so:

½ l Bouillon, 200 g Gruyère, 4 Scheiben Weissbrot, Butter, 2 dl trockener Weisswein, schwarzer Pfeffer aus der Mühle

Backen Sie das entrindete Weissbrot in der Bratpfanne in wenig Butter beidseitig goldbraun an. Bringen Sie die Bouillon zum Kochen. Legen Sie inzwischen in vier Suppenteller je eine Brotscheibe. Geben Sie je 50 g frisch geriebenen Gruyère darauf sowie Pfeffer aus der Mühle nach Belieben. Sobald die Bouillon kocht, giessen Sie den Wein zu und bringen sie wieder zum Kochen. Sofort auf die Suppenteller verteilen und servieren. Die mit Wein versetzte Bouillon soll nur gerade zum Kochen kommen, dann ist der Weinduft noch kräftig. Diese Suppe können Sie auch mit frischen Kräutern würzen: Dill, Schnittlauch, Koriander, Zwiebelschösslinge, Estragon, Majoran passen. Bitte nur ganz wenig, damit der Kräuterduft nicht überwiegt, und immer nur ein Kraut aufs Mal!

Schabziger-Suppe

Diese Suppe ist eine Spezialität aus der Ostschweiz. Dort stellt man den berühmten Glarner Schabziger her, einen Hartkäse, der mit Kleeblättern grün gefärbt wird und von ihnen seinen pikanten Geschmack bekommt. Er wird in kleinen Kegelstümpfen verkauft und ist so hart, dass man ihn mit der Käsereibe in Pulver reiben muss. Das Rezept:

1 l gebrannte Mehlsuppe, ½ Stöcklein geriebener Schabziger, 1 dl Vollrahm

Mischen Sie in der angewärmten Suppenschüssel den Käse mit dem Rahm und rühren Sie die kochende Mehlsuppe ein. So heiss wie möglich servieren, fertig.

Schweizer Käsesalat

– gehört zu den einfachsten, aber sehr beliebten Gerichten des Landes. Er schmeckt am besten, wenn Sie ihn nicht unmittelbar nach dem Zubereiten servieren, sondern ihm 2 Stunden Zeit geben zum Ziehen. Dann verbinden sich die Aromen seiner Bestandteile zu einer schönen Harmonie. Das Rezept:

400 g reifer Gruyère oder Emmentaler Käse, 1 Zwiebel, mittelscharfer Senf, Cayennepfeffer, Salz, Pfeffer, 2 Esslöffel Rotweinessig, 5 Esslöffel Olivenöl

Schneiden Sie den Käse (ohne die Rinde) in dünne Scheiben von der Grösse eines Streichholzbriefchens. Scheibeln Sie die Zwiebel sehr, sehr dünn. Mischen Sie in der Salatschüssel: Salz, Pfeffer, eine Spur Cayennepfeffer, einen Kaffeelöffel Senf mit 1 Esslöffel Essig. Rühren Sie darauf einen 2. Esslöffel Essig ein. Vermischen Sie das mit dem Olivenöl. Lassen Sie diese Sauce 5 Minuten ziehen. Mischen Sie dann die Zwiebel und nachher den Käse gründlich mit der Sauce. 2 Stunden ziehen lassen. Dann nach Belieben verzieren und servieren. Brot und Butter dazu reichen. Pellkartoffeln passen ebenfalls, oder eine Rösti.

Das ist das Grundrezept. Selbstverständlich können Sie diesen Käsesalat mit allen erdenklichen Zutaten mischen, die Ihnen geeignet erscheinen. Frische Gemüse passen sehr gut, die gereinigt, und mundgerecht geschnitten werden. Säuerliche Äpfel, Peperoni (milde Sorte), Tomatenscheiben, Salz-und Gewürzgurken, harte Eier (zum Garnieren), Radieschen – was Sie gern haben. Wichtig ist: Schweizer Käse! Eine hier sehr beliebte Variante: Käse-Wurst-Salat. Ersetzen Sie die Hälfte des Käses durch eine gute Fleischwurst, geschält, dünn geschnitten. Die Wurst muss ebenfalls 2 Stunden in der Sauce ziehen.

Käseküchlein

Schweizer Hartkäse haben die gute Eigenschaft, an Wohlgeschmack noch zu gewinnen, wenn sie leicht angebacken sind. Das hat dazu geführt, dass in der Schweiz viel mit Käse gebacken wird. Einige dieser Backwerke sind geradezu Existenzgrundlage für Leute geworden, die sie auf Jahrmärkten und bei Festen aller Art coram publico backen und feilbieten. Vor allem sind das die Käseküchlein. So macht man sie:

200 g Mehl, 100 g Butter, 200 g Emmentaler Käse oder Gruyère, 3 Eier, ¼ l Milch, Muskatnuss, Salz, Pfeffer

Das leicht gesalzene Mehl in einer Schüssel mit der Butter und einem verklopften Ei gründlich mischen. Gut kneten und 15 Minuten ruhen lassen. Auswallen und kleine Tortenförmchen (eingefettet) mit dem Teig auslegen. In einer Schüssel mischen: den geriebenen Käse, Pfeffer nach Belieben, etwas geriebene Muskatnuss, 2 verklopfte Eier, so viel von der Milch, dass ein dünner Teig entsteht. Auf halbe Höhe in die Formen geben und im Backofen bei mittlerer Hitze backen, bis die Oberfläche goldbraun ist. Sofort servieren und essen. Käseküchlein werden nach kurzer Zeit unansehnlich und lassen sich nicht aufwärmen.

Käsewähe

Das ist ein Kuchen mit Käseguss. Der Einfachheit halber bereitet man Käsewähe meistens mit fertig gekauftem Teig, wie er in Geschäften in sehr guter Qualität zu haben ist und auch für Obstkuchen dient (er ist nicht gesüsst). Das Rezept:

500 g fertiger Teig, 150 g geriebener Emmentaler Käse, 150 g geriebener Gruyère, 3 Eier, 2 Esslöffel Mehl, ½ l Milch, Salz, Pfeffer, Muskat

Wallen Sie den Teig sehr dünn aus und belegen Sie damit ein gefettetes Backblech. Den Boden mit einer Gabel mehrmals durchstehen, damit's keine Blasen gibt. In einer Schüssel mischen: die geriebenen Käsesorten, Mehl, wenig Salz, Pfeffer, Muskatnuss. Mit der Milch verrühren und kurz ziehen lassen. Die Mischung auf dem Teig verteilen und im mittelwarmen Ofen backen. Nicht zuviel Oberhitze! Sobald die Füllung goldbraun ist, wird die Wähe serviert und heiss gegessen. Gemischten Salat dazu reichen.

Käsewähe lässt sich auf verschiedenste Arten abwandeln. Zwei ausgezeichnete **Varianten,** sind Käsewähe mit Zwiebeln und Käsewähe mit Speck. Man braucht zusätzlich:

200 g mageren, sehr dünn geschnittenen Speck, schwarzen Pfeffer aus der Mühle

Käsewähe vorbereiten nach Grundrezept. Der Speck wird in der trockenen Bratpfanne knusprig gebraten und auf Küchenpapier entfettet. Den Teigboden damit belegen, mit Pfeffer aus der Mühle würzen und dann die Füllung darübergeben. Backen nach Grundrezept. Die Zwiebelkäsewähe:

500 g dünn gescheibelte Zwiebeln, Butter

Käsewähe vorbereiten nach Grundrezept. In der Bratpfanne etwas Butter schmelzen und die Zwiebeln darin unter öfterem Wenden glasig dünsten. Den Teigboden damit auslegen, die Füllung darüber verteilen und nach Grundrezept backen.

Waadtländer Käsekuchen

Dieser Kuchen enthält – wie könnte es anders sein? – Lauch. In der Schweiz geht die Meinung um, dass man sich im Canton de Vaud, im Waadtland, vorwiegend von Lauch ernähre. Worauf diese Meinung gründet, weiss ich nicht. Im Waadtland habe ich niemals mehr Lauch vorgesetzt bekommen als irgendwo anders in der Schweiz. Ein Waadtländer Käsekuchen aber schmeckt so gut, dass er des schönen Kantons durchaus würdig ist. So macht man ihn:

Käsewähe vorbereiten nach Grundrezept, die Füllung jedoch nicht mit Milch anrühren, sondern mit Waadtländer Chasselas-Wein. Der Wein soll mindestens 11% Alkohol haben, damit die Füllung gut aufgeht. Hat er sie nicht, so rührt man die Füllung zuerst mit zwei Liqueurgläsern Branntwein an, bevor man den Wein einmischt. Man braucht außerdem:

500 g Lauch, 100 g in kleine Streifen geschnittenen Speck, Salz, Pfeffer, Paniermehl

Der Lauch wird in dünne Scheiben geschnitten. Den Speck in einem trockenen Topf auf kleiner Hitze unter Rühren andünsten, dann den Lauch einrühren, leicht salzen und pfeffern. Zugedeckt mehr ziehen als köcheln lassen, bis der Lauch fast gar, aber noch „al dente" ist. Auf den Teig im Backblech Paniermehl streuen; es soll die Flüssigkeit des Lauchs aufnehmen. So viel Flüssigkeit wie möglich vom Lauch-Speck-Gemisch abgiessen. Das Gemisch auf dem Teig verteilen, Füllung aufgiessen und nach Grundrezept backen. Heiss servieren mit frischem Weissbrot und kühlem, trockenem Weisswein – am besten Waadtländer Chasselas.

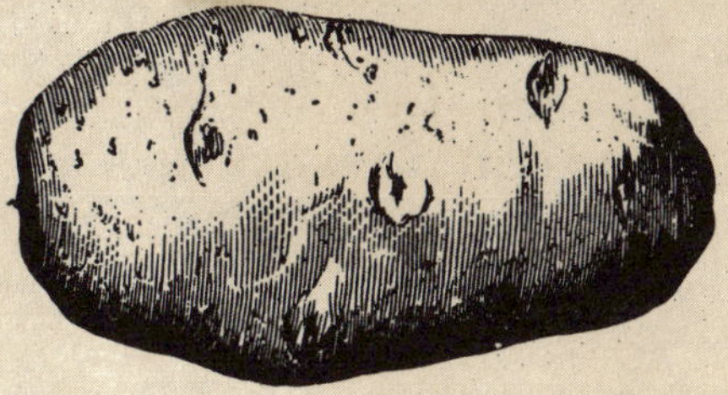

Gebackene Käsekartoffeln

Sie gehören zu den einfachsten Gerichten aus Schweizer Käse. Man benötigt möglichst gleichgrosse, möglichst frische Kartoffeln sowie Bergkäse aus dem Wallis – am besten schmecken Gomser Käse und Val de Bagne. Das Rezept:

16 Kartoffeln mit Schale, 200 g Bergkäse aus dem Wallis, Pfeffer, Paprika, Essiggürklein

Die Kartoffeln der Länge nach halbieren, von jeder Rundung eine dünne Scheibe abschneiden, damit die Kartoffeln stehen können. Auf das gefettete Backblech legen. Auf jede Kartoffel eine Scheibe Käse geben. Bei starker Unterhitze im Backofen lassen, bis die Kartoffeln gar sind. Mit Paprika und Pfeffer würzen. Essiggürklein und Brot dazu reichen.

Walliser Kartoffeltopf

– ist ein Bauernessen, das bis in die Küchen der hohen Gastronomie eingedrungen ist. Dort nennt man's zwar „Gratin Dauphinois" und bereitet es verfeinert zu, das heisst: langweilig. In seiner Originalfassung ist der Walliser Kartoffeltopf – Gratin Valaisan – eine recht würzige Speise und alles andere als Diätkost. Man benötigt für das Gericht eine geräumige Form aus feuerfestem Material, am besten aus Keramik oder Glas. Es lässt sich aber auch in einem Emailletopf zubereiten, ja sogar in Porzellan. Das Rezept:

1 kg festkochende Kartoffeln, 400 g Walliser Bergkäse oder Gruyère, 4 Knoblauchzehen, Salz, Pfeffer, 1 l Milch, 50 g Butter

Die feuerfeste Form wird mit Butter ausgestrichen. Die geschälten Kartoffeln dünn scheibeln. Vom Käse 50 g reiben, den Rest in dünne Scheiben schneiden. Den Knoblauch zerdrücken. Die Kartoffeln in vier gleiche Portionen teilen, den Käse in drei. Eine Portion Kartoffeln in die Form legen, mit einer Portion Käse bedecken, mit Knoblauch, Salz und Pfeffer würzen. Weiter so verfahren. Zuoberst kommt eine Lage Kartoffeln, die gesalzen und gepfeffert wird. Den geriebenen Käse darüber verteilen, Butterflöcklein auflegen. Langsam die Milch in die Form giessen, bis sie etwa 1 cm unter der Oberfläche steht. In den auf mittlere Hitze vorgeheizten Backofen stellen. Am besten ein Stück Alufolie unterlegen, weil die Milch meistens überschäumt und es dann schwer zu entfernende Krusten im Ofen gibt. So lange backen, bis man mit einer eingesteckten Gabel spürt: die Kartoffeln sind gar. Ein wenig „Biss" sollen sie aber noch haben. Sofort servieren und tortenförmige Stücke ausstechen.

Die verkrustete Form reinigt man am besten, indem man sie in kaltem Wasser einweicht, dem man etwas Seife beigegeben hat. Nach 3, 4 Stunden hat sich die Kruste gelöst und man kann die Form auf übliche Art reinigen.

Brotauflauf

Er gehört zu den beliebten Speisen sparsamer Hausfrauen, weil sich dann allerlei Reste verwenden lassen. Zudem ist er ohne Schwierigkeiten zuzubereiten, stellt eine vollständige Mahlzeit dar und braucht – zeitgemäss! – wenig Energie. Man kann ihn sogar im Holzofen backen, wenn man mit dem Brotbacken fertig ist und der Ofen langsam auskühlt. Übrigens: Brotbacken im eigenen Holzofen ist wieder modern geworden in der Schweiz! Mancherorts sieht man allerlei abenteuerliche Konstruktionen in Gärten stehen; auf Märkten trifft man immer mehr Stände, an denen Brot aus dem Holzofen feilgeboten wird. Und es findet reissenden Absatz. Der Brotauflauf geht so:

10 Scheiben Weissbrot (nicht krümelnd), 150 g geriebener Gruyère oder Emmentaler Käse, 3 Eier, ½ l Milch, 50 g Butter, 150 g Schinken- oder Fleischreste, Salz, Pfeffer, 1 Knoblauchzehe, 1 Bündel gehackter Schnittlauch

Die Brotscheiben werden entrindet und in der Hälfte der Butter beidseitig gelblich gebraten. Eine Auflaufform mit Butter ausstreichen. Eine Lage Brot hineingeben, darauf eine Lage streifig geschnittene Schinken- oder Fleischreste verteilen, mit etwas gehacktem Schnittlauch und zerdrückter Knoblauchzehe sowie Pfeffer nach Geschmack belegen. Darauf kommt wieder Brot, das diesmal mit geriebenem Käse bedeckt wird. Würzen wie gehabt. Im gleichen Stil fortfahren, zuoberst soll Brot sein. Die verquirlten Eier mit Salz, Pfeffer und Milch anrühren und einfüllen. Käse aufstreuen, mit Butterflöcklein belegen und backen. Statt Weissbrot lassen sich Grau- oder Schwarzbrot verwenden, die Milch kann man durch trockenen Weisswein ersetzen. Der Backofen sollte auf mittlerer Hitze vorgeheizt sein.

Bricelets au Fromage – Käsewaffeln

– kommen aus dem Waadtland und werden dort gern zum Apéro gereicht, der natürlich aus kühlem Chasselas-Wein besteht, am besten vom allerletzten Jahrgang und deshalb noch mit etwas Kohlensäure begabt. Man kann Bricelets in einem elektrischen Waffeleisen zubereiten, die in den letzten Jahren wieder Mode geworden sind. Es gibt aber spezielle Bricelet-Eisen, die man auf der Gasflamme oder im Kamin benützt, ja sogar beim Picknick am offenen Feuer verwenden kann. Man muss diese Backformen vor jedem Gebrauch und nach jeder Portion mit einer Speckschwarte einfetten, damit die Bricelets nicht kleben bleiben. Andere Fettarten eignen sich weniger zum Einfetten, da sie nicht dünn genug verteilt werden können und deshalb den Bricelets so viel Fettstoffe mitgeben, dass sie schwer verdaulich werden. Den Teig für Bricelets bereitet man so:

100 g Butter, 3 Esslöffel Vollrahm, 3 Eigelb, 75 g fein geriebener Parmesan, 200 g Weissmehl, Salz, schwarzer , im Mörser grob zerstossener Pfeffer

In einer Schüssel werden die Butter, die verklopften Eigelb, Salz und Rahm schaumig gerührt. Das Mehl mit dem Käse und einem gestrichenen Kaffeelöffel Pfeffer gut mischen und einrühren. Kneten und 1½ Stunden in den Kühlschrank geben – nicht ins Tiefkühlfach, bitte! Das Waffeleisen gut vorwärmen. Aus dem Teig nussgrosse Kugeln formen, im Waffeleisen gut pressen und backen, bis sie goldgelb sind. Warm oder kalt geniessen. Bricelets sollen sehr dünn sein. Der Name kommt übrigens vom Wort „Brezel", weshalb Bricelets in der deutschsprachigen Schweiz auch „Bretzeli" genannt werden, obschon sie gar keine Brezelform haben.

Tessiner Käse-Gnocchi

Sie lassen sich auf zwei Arten anrichten. Man kann sie als kleine Klösse mit Tomatensauce und viel geriebenem Parmesan servieren, mit Butter und Käse anrichten oder als Beilage zu einem Ragoût geben – oder man kann sie als Einlage in einer Bouillon oder Minestrone geniessen. Sie sind einfach zu bereiten, nämlich so:

500 g Kartoffeln (mehlige Sorte), 50 g geriebener Parmesan, 100 g Mehl, Muskatnuss, Pfeffer, Salz, 1 Ei, Petersilie

Die Kartoffeln schälen, zerschneiden und in Salzwasser weich kochen. Ins Sieb geben und, sobald sie abgetropft sind, durch ein enges Sieb passieren. Mehl und Parmesan mischen, gehackte Petersilie, nicht zuviel Salz, Pfeffer und Muskatnuss einmengen. Mit dem Kartoffelbrei und dem verquirlten Ei gründlich mischen und 15 Minuten stehen lassen. Inzwischen leicht gesalzenes Wasser zum Kochen bringen. Aus dem Teig halbfingergrosse Knödelchen formen, mit der Gabel ein Muster aufdrücken und ins Wasser geben, das weiter sprudeln muss. Sobald die Gnocchi an die Oberfläche steigen, sind sie gar und werden abgeschöpft. Abtropfen lassen und servieren.

Für Gnocchi als Suppeneinlage kocht man zuerst die Suppe nahezu fertig und gibt dann die Gnocchi zum Garen zu.

Tessiner Gnocchi werden mitunter auch ohne Käse zubereitet. Dafür gibt man sehr klein gehacktes Trockenfleisch, Schinken, in winzige Stücklein geschnittenen Speck, dito Salami oder Fleischreste in den Teig. Kurz: was man gerade so hat. Gnocchi lassen sich auch nur mit frischen, kleingehackten Kräutern zubereiten. Wenn man beim Pilzesuchen nur einen einzigen Pilz gefunden hat – in kleinste Stücklein gehackt und zum Parfümieren von Gnocchi verwendet, gibt er dennoch ein gutes Mahl mit Pilzaroma.

Malakoffs

Sie erinnern an eine ungute Zeit: an den Krimkrieg 1855–56. Dieser Krieg zwischen Frankreich, Grossbritannien und der Türkei gegen Russland fand seinen militärischen Höhepunkt mit der Eroberung des Forts Malakoff bei Sewastopol am 8. September 1855 durch französische Truppen. Unter ihnen befanden sich nicht wenige Schweizer als Söldner, die zuhause kein Auskommen fanden und sich deshalb in französische Dienste begeben hatten.

Dass sie die „Malakoffs" bereits auf der Halbinsel Krim erfanden, ist kaum zu glauben. Die Truppen litten dort Mangel an Nahrungsmitteln und verfügten sicher nicht über die notwendigen Zutaten. Die Heimgekehrten aber, vor allem die Schweizer französischer Zunge am Genfersee, hatten dann Gelegenheit, mit ihrem Kriegssold alles zu kaufen, was es für die leckeren Dinger brauchte – und zur Erinnerung an ihre Waffentat nannten sie das Gericht dann „Malakoffs". Man macht es so:

500 g Gruyère, 200 g Mehl, 3 Eiweiss, ½ l trockener Weisswein (Chasselas), Olivenöl, Salz, Pfeffer

Der Käse (ohne Rinde) wird in kleinfingergrosse Stifte geschnitten. In einer flachen Schüssel in Weisswein einlegen, mit Pfeffer aus der Mühle würzen. 2 Stunden ziehen lassen. In einer Schüssel mischen: Mehl, nicht zuviel Salz, Pfeffer nach Belieben, 1 Esslöffel Olivenöl, so viel Weisswein, dass sich ein nicht zu dünner Ausbackteig ergibt. 1 Stunde ruhen lassen. Dann die zu Schnee geschlagenen Eiweiss unterziehen. In einer Ausbackpfanne oder im Friture-Gerät Öl oder Ausbackfett heiss machen. Die abgetropften Käsestücke erst in Mehl wenden, dann in dem Teig drehen und in heissem Fett goldgelb backen. Sofort servieren. Frisches Weissbrot dazu reichen, das am besten im Backofen knusprig gemacht wurde. Mit Weisswein (Chasselas aus der Westschweiz) begleiten. Beim Essen bitte friedliche Gedanken und Gespräche pflegen!

Gratinieren, leicht gemacht

Die beiden wichtigen Schweizer Hartkäse, Emmentaler und Gruyère, eignen sich ganz ausgezeichnet zum Gratinieren – zum Überbacken. Dazu kann man auch Käse nehmen, der noch nicht reif genug zum perfekten Genuss ist. Durch's Backen bekommt er einen wesentlich grösseren Wohlgeschmack. Auch Käsereste erstrahlen in neuem Glanz, wenn man mit ihnen überbackt. Das ist wörtlich zu nehmen: Eine schöne Käsekruste duftet nicht nur herrlich – sie sieht auch sehr schön aus.

Mit Käse überbacken lässt sich sozusagen alles, was nicht süss schmeckt. Der Vorgang ist sehr einfach: Man bereitet ein Gericht normal zu, überstreut es dann mit geriebenem Emmentaler Käse oder Gruyère, gibt Butterflöcklein darauf und schiebt es noch kurze Zeit in den heissen Backofen, bei möglichst viel Oberhitze. Speisen mit sehr kurzer Garzeit muss man gratinieren, bevor sie ganz durch sind – sie garen im Backofen noch weiter.

Speisen mit viel Sauce gratiniert man am besten mit einer Mischung von geriebenem Käse und etwas Paniermehl. Sie saugt Sauce auf und sorgt so dafür, dass der Käse nicht nass wird und dann nicht richtig bräunt.

Warum übrigens diese beiden Käsesorten zum Gratinieren? Sehr einfach: Sie bestehen aus genau abgestimmten Anteilen von Fett und Eiweiss. Mehr Fett würde eine zu weiche Kruste geben, weniger Fett zu einem körnigen Belag führen. Die richtige Mischung ist wichtig – bei beiden Schweizer Käsesorten ist sie ideal vorhanden.

fig .12

Aus Schweizer Seen und Flüssen

Basel

Die Fischer der Schweiz können darauf stolz sein, dass sie schon vor 40 Jahren auf die Verschmutzung der Umwelt aufmerksam machten. Natürlich hat man sie damals ausgelacht, wenn sie für die Reinigung der Abwässer von Haushaltungen und Gewerbebetrieben eintraten – wegen der paar „Würmlibader" sollte man teure Anlagen bauen? Oder gar darauf verzichten, jegliche Abfälle auf dem Weg über die Kanalisation in die Flüsse und Seen fliessen zu lassen? Was denen wohl einfiel, diesen Sonderlingen?

Inzwischen ist Umweltschutz modern und zudem ein Politikum geworden, und die Fische profitieren davon. Wobei man sich natürlich fragen kann, ob es für Fische profitabel ist, wenn sie in Töpfen und Pfannen landen ...

Die Rezepte für Süsswasserfische sind in der Schweiz nicht viel anders als anderswo. Zudem sind Fische gar nicht besonders gefragt. Restaurants mit Fisch als Spezialitäten sind ausgesprochen rar, ausser in unmittelbarer Nähe des Wassers. Die Fischgerichte in der Schweiz leben davon, dass nur frischeste Fische verwendet werden. Wo es noch Berufsfischer gibt, werden Restaurants sofort nach dem Fang beliefert, und die wenigen Fischgeschäfte vermitteln ihren Kunden stets frisch gefangene Süsswasserfische aus den nächstgelegenen Gewässern.

Eglifilets

Zu den liebsten Fischen der Schweizer gehören die Egli, was eine Barschart ist, die vorwiegend als Filet zubereitet wird. Ihre Zubereitung ist geradezu ein Kinderspiel. So macht man Eglifilets:

600 g Eglifilets, 100 g Butter, Mehl, Salz, Pfeffer, Zitrone

Die Filets werden gesalzen, gepfeffert und mit Zitronensaft beträufelt. Ein paar Minuten ziehen lassen. In Mehl wenden (nicht zuviel!) und in wenig heisser Butter beidseitig kurz braten. Die Butter soll noch klar und keinesfalls braun sein! Die Filets auf eine heisse Platte legen, die Bratbutter weggiessen, den Rest Butter schmelzen und über die Filets verteilen. Mit Salzkartoffeln und Zitronenvierteln servieren. Man isst nur sehr wenige Kartoffeln zu den Eglifilets, weshalb eine kleine Menge Butter genügt. Doch hindert Sie niemand daran, mehr Butter aufzustellen. Aber bitte keine Mayonnaise oder Remoulade zu so delikaten Fischen!

Eglifilets mit Salbei

Eglifilets mit Salbei sind eine Spezialität im Tessin. Der Geschmack der Fische und Salbei harmonieren sehr gut miteinander. Die Filets werden zubereitet wie eine Piccata. Man macht sie so:

600 g Eglifilets, 10 frische Salbeiblätter, 200 g Butter, 2 Eier, Mehl, Salz, Pfeffer

Die Filets salzen und pfeffern, in Mehl und dann in verklopftem Ei wenden. 50 g Butter in der Bratpfanne nicht zu heiss werden lassen und die Filets beidseitig darin kurz braten. Wenn der Eierüberzug goldgelb ist, sind die Fische gar. Das Bratfett weggiessen, 150 g Butter samt den Salbeiblättern in der Pfanne schmelzen und über die Fische verteilen. Salzkartoffeln dazu reichen. Man kann Zitronenviertel zu diesem Gericht aufstellen, aber ohne Säure schmeckt es besser. Mein Rat: Die Butter darf nicht zu heiss werden, sonst verliert sie ihren guten Duft!

Forellen

Forellen sind so delikate Fische, dass man sie eigentlich nur blau gekocht essen sollte – so entwickeln sie ihren besten Duft, den warme, klare Butter noch verstärkt. Dennoch gibt es ein Schweizer Rezept, Forellen in Rotwein, das dieser Meinung völlig widerspricht. Ich gebe es gern zu Ihrer Kenntnis, aber ich rate Ihnen: Verwenden Sie dazu niemals die zarten Bachforellen, sondern nur Zuchtforellen oder, noch besser, Regenbogenforellen. Für Bachforellen wäre es einfach zu schade. Das Rezept lautet:

4 grosse, kochfertige Forellen, 1 l Rotwein (Côtes-du-Rhône), 2 Zwiebeln, 1 Knoblauchzehe, 2 Lorbeerblätter, 4 Nelken, Muskatnuss, 10 Pfefferkörner, 10 Korianderkörner, Petersilie, Salz, Pfeffer, 1 dl Vollrahm, 50 g Butter, 1 Kaffeelöffel Mehl

Die Zwiebeln grob hacken, den Knoblauch scheibeln, die Petersilie hacken, zusammen mit geriebener Muskatnuss und den Gewürzen sowie etwas Salz und Pfeffer in einen geräumigen Topf geben, mit dem Wein verrühren und zum Kochen bringen. Auf die halbe Menge eindampfen. Die Fische inwendig zart salzen, pfeffern und mit Faden zubinden. In die eingedampfte Sauce geben und garen. Das geht sehr rasch. Herausnehmen und auf eine heisse Platte legen, mit Alufolie zudecken. Das Mehl mit der Butter vermischen und in der Sauce auflösen, kurz kochen. Den Rahm zugeben, mit Salz abschmecken, gut rühren, durch ein Sieb giessen und über die Fische verteilen. Mit Salzkartoffeln auftischen.

Hechte auf Basler Art

Im Rhein bei Basel gibt es eine Fischart mit dem schönen Namen Nasen – lateinisch: Naso Naso. Man bereitet sie auf die einfachste Art zu. Leider (für die Fischfreunde, nicht für die Nasen) gibt es sie anderswo nicht. Jedenfalls habe ich sie bisher nur in Basel serviert bekommen. Man kann aber auch Hechte auf Basler Art zubereiten, und dann geht das so:

1 Hecht (ca. 1 kg, bratfertig geputzt), 150 g Butter,
1 dl Milch, Mehl, Petersilie, 2 Zitronen, Salz, Pfeffer

Der Hecht wird innen und aussen gesalzen und gepfeffert, in Milch gedreht und in Mehl gewendet. Die Butter in einer Fischpfanne auf dem Herd schmelzen, den Fisch hineinlegen und im Backofen bei mittlerer Hitze garen. Mehrmals mit der Bratbutter begiessen. Den Fisch auf eine heisse Platte legen, die gehackte Petersilie kurz in der Butter andünsten, über dem Fisch verteilen. Mit Zitronenvierteln servieren und Salzkartoffeln dazu reichen sowie Kopfsalat.

Friture

Es gibt eine Anzahl Fischarten, die man in der Schweiz fangen darf, wenn sie noch klein sind. Aus ihnen macht man Friture – das ist eher ein Gesellschaftsspiel als eine Mahlzeit, weil man beim Essen viel zu tun hat. Die Fischlein werden weder ausgenommen noch sonstwie geputzt, aber bei manchen sind die Flossen doch zu hart zum Genuss, weshalb Feinschmecker sie entfernen – das braucht Zeit und Fingerfertigkeit. Friture macht man so:

800 g Fische für Friture, 5 Esslöffel Mehl, Salz, Pfeffer, frisches Öl, 4 Zitronen

Die Fische werden in einer Schüssel oder in einer Plastikdose mit dem Mehl und genügend feinem Salz so lange geschüttelt, bis sie rundherum weiss sind. Im heissen Öl des Friture-Gerätes goldgelb backen und sofort in einer heissen Schüssel servieren. Jeder nimmt sich seine Fische aus der Schüssel und isst sie stückweise. Nicht auf Teller verteilen – sie würden dort zu rasch kalt! Am besten ist's, wenn man das Friture-Gerät nahe beim Esstisch aufstellt und die Fischlein portionsweise darin bäckt.

Salm auf Basler Art

Salm à la Bâloise ist das einzige Gericht, mit dem Basel, die zweitgrösste Stadt der Schweiz, in die grosse Gastronomie eingegangen ist. Es stammt aus der Zeit, als der Rhein noch ein ungestümer Strom war mit vielen Nebenarmen und Altwassern, worin die Fische gut laichen konnten. Salm à la Bâloise geht so:

1 kg Lachs (geputzt), 2 Zwiebeln, 200 g Butter, Mehl, 2 Zitronen, Salz, Pfeffer

Der Fisch wird in 2 cm dicke Scheiben geschnitten, mit Zitrone beträufelt, gesalzen, gepfeffert und in ganz wenig Mehl gedreht. Die Zwiebeln werden in Scheiben geschnitten. In einer Bratpfanne 100 g Butter erhitzen und die Lachsscheiben beidseitig darin hellbraun braten. Die Zwiebeln in einer zweiten Pfanne in heisser Butter anbräunen. Wenn man sie vorher mit etwas Mehl in einer Schüssel schüttelt, geht das leichter. Die Fischstücke auf eine heisse Platte legen, mit den Zwiebeln bedecken und mit der Zwiebelbutter begiessen. Mit Salzkartoffeln und Zitronenschnitzen servieren. Man kann grobgehackte Petersilie kurz vor dem Braunwerden der Zwiebeln in deren Butter geben.

Fig. 13

Fleisch, das den Schweizern schmeckt

Zürich

Für den ehrbaren Schweizer sind Rinder viel zu wertvoll, als dass man sie zum Kochen missbräuchte. Aus Milch, das die lieben Boviden geben, macht man Käse, Schokolade, ein alkoholfreies Getränk namens Rivella, Schlagrahm für die Meringues (Merinken) und Gelati für die Tessiner (samt Touristen), Milchkaffee für die Deutschschweizer, Crème für den Café der Welschschweizer und sonst Wichtiges. Deshalb sind Fleischrinder in der Schweiz rar, und Schweizer Fleischrezepte arbeiten meist mit Fleischsorten, die man auch dem gewöhnlichen Rindvieh entnehmen kann, nicht nur hochgezüchteten Fleischrindern. Mit Kälbern und Schweinen ist es anders: Sie werden in bester Qualität im Land gezüchtet. Aber dennoch: Schweizer Fleischgerichte lassen sich mit einfachen Stücken zubereiten. Ihre Güte liegt vor allem im Drum und Dran.

Sauerbraten

Das berühmteste Schweizer Fleischgericht heisst Sauerbraten, im Dialekt: Suure Mogge. Ein Gericht, das man aus jeder Art Rindfleisch machen kann, selbst wenn das Rind ein Pferd war. Das Rezept lautet:

750 g Rindfleisch, 1 Zwiebel, 1 Lauchstengel, ½ Sellerieknolle, 2 Karotten, 1 Knoblauchzehe, 2 Lorbeerblätter, 10 Wacholderbeeren, 10 weisse Pfefferkörner, 10 Korianderbeeren, 1 Thymianzweig, 1 l trockener Rotwein, 100 g Butter, Mehl, Salz, Pfeffer, 2 Scheiben Schwarzbrot

Die geschälte Zwiebel vierteln, den Lauch in zentimeterlange Stücke schneiden, die Karotten schälen und scheibeln, die Knoblauchzehe schälen. In einem Email- oder Stahltopf zusammen mit den Gewürzen (ohne Salz!) in 7 dl Rotwein aufkochen, kurz ziehen lassen und dann über das Fleisch giessen, das in einer Porzellanschale liegt. Die Flüssigkeit muss das ganze Fleisch bedecken! Man kann außerdem 2 Gewürznelken in diese Marinade geben, wenn man den Geschmack liebt.

Das Fleisch muss eine Woche lang in der Marinade liegen. Dann nimmt man es heraus, trocknet es mit Küchenpapier ab, wendet es in Mehl und brät es in 80 g Butter rundherum an. 3 dl Rotwein zugeben, salzen und pfeffern. 2 Stunden lang zugedeckt auf kleiner Hitze schmoren. Ein paarmal wenden. Die Marinade durch ein Sieb giessen. Einen Teil der Marinade mit 2 Kaffeelöffeln Mehl verrühren. Den Rest der Marinade in einen Topf geben und zum Kochen bringen. Schwarzbrot darin kurz ziehen lassen und dann herausnehmen. Durch ein Sieb in die Marinade passieren. Die restliche Butter in der Marinade auflösen. Auf etwa ein Drittel reduzieren. Salzen und leicht pfeffern. Das gare Fleisch aus seiner Sauce nehmen und auf heisser Platte anrichten. Die Marinade als Sauce getrennt dazugeben, mit Kartoffelbrei oder Polenta reichen. Falls man mehr Sauce liebt, kann man die Kochbrühe kurz reduzieren und zusammen mit der Sauce aufkochen. Es empfiehlt sich, diese Art Sauce mit etwas Vollrahm zu binden.

Das ist nur eines von vielen möglichen Rezepten. Jede Haushaltung hat da ihr eigenes, das sich mehr oder weniger von allen anderen unterscheidet.

Zürcher Geschnetzeltes

Ein vornehmes Rezept aus der grössten Schweizer Stadt ist das Zürcher Geschnetzelte. Es ist ein uraltes Volksrezept, lautet die Sage. In Wirklichkeit wurde es im letzten Jahrhundert von irgendeinem längst vergessenen Koch erfunden und von seinen sämtlichen Kollegen sofort nachgemacht. Noch heute ist es umstritten, ob Kalbsnieren wirklich dazu gehören. Unentbehrlich sind nur Champignons und Petersilie, ferner Weisswein, der recht sauer sein sollte.

600 g Kalbsfilet, 200 g Kalbsniere (ohne Fett), 1 Zwiebel, 200 g frische Champignons, 2 dl trockener, säuerlicher Weisswein, 1 Büschel Petersilie, 50 g Butter, 1½ dl Vollrahm, Bouillon, Salz, Pfeffer

Das Fleisch in dünne Streifen schneiden, die Niere und die Champignons dünn scheibeln. Die Hälfte der Butter in der Bratpfanne heiss machen und darin die Nierenscheiben kurz anbraten – herausnehmen und warm stellen. Das Kalbfleisch ebenfalls anbraten und dann zu den Nieren geben. Die Champignons in der Butter kurz dünsten und zum Fleisch geben. Den Rest Butter in der Pfanne heiss machen, die feingehackte Zwiebel darin garen. Mit dem Wein ablöschen und auf die Hälfte einkochen. Fleisch und Champignons sowie die gehackte Petersilie zugeben. Zum Kochen bringen und den Rahm einrühren, mit Bouillon, Salz und Pfeffer würzen. Auftischen und Rösti dazu reichen. Noch besser schmeckt's mit frischem, warmen Weissbrot.

Berner Platte

Berner Platte heisst ein sehr umstrittenes Schweizer Gericht. Gar nicht umstritten ist zwar sein Wohlgeschmack, ebensowenig seine Schweizer Herkunft. Aber über eines sind sich die Kenner nicht einig: Gehören grüne Bohnen dazu, oder Dörrbohnen, oder Sauerkraut? Die Berner Platte ist ein schönes Beispiel für die Grundlage aller Schweizer Spezialitäten: Man kocht, was man hat. Ich vermute, wer Sauerkraut hatte, kochte die Berner Platte mit Sauerkraut. Wer getrocknete Bohnen hatte, kochte sie mit getrockneten Bohnen. Und im Sommer kochte man sie halt mit frischen grünen Bohnen. Weshalb alle drei Beilagen die richtigen sind. Drum muss ich Ihnen zuerst die Rezepte für diese Grundlagen der Berner Platte geben.

Grüne Bohnen: 1 kg geputzte grüne Bohnen, 1 Zwiebel, 1 Knoblauchzehe, 1 l Bouillon, 1 Lorbeerblatt, Salz und Pfeffer, 20 g Butter

Die Butter wird in einem grossen Topf geschmolzen. Die abgetrockneten Bohnen darin gut wenden, die feingehackte Zwiebel und die zerdrückte Knoblauchzehe einmengen, unter Rühren 10 Minuten andünsten. Dann die Bouillon und das Lorbeerblatt zugeben, salzen, pfeffern und zugedeckt köcheln, bis die Bohnen knapp gar sind, aber noch Biss haben.

Getrocknete Bohnen: 400 g Dörrbohnen, gleiche Zutaten wie zu grünen Bohnen

Die getrockneten Bohnen über Nacht in handwarmem Wasser einweichen. Das Wasser abgiessen und nach dem Rezept verfahren wie für grüne Bohnen.

Sauerkraut wird nach dem Rezept auf Seite 92 gekocht, nur lässt man das Kirschwasser weg. Der Wein kann durch Apfelwein ersetzt werden.

Das wichtigste an der Berner Platte sind die Fleischbeilagen. Sie bestehen aus:

1 Rindszunge, 200 g magerer Speck, 4 gepökelte Schweinerippchen, 400 g Fleischwurst, 2 gepökelte Schweinsfüsse, 4 Markknochen, 400 g Suppenfleisch, 4 Bratwürste

Alle Fleischsorten werden in Bouillon so lange geköchelt, bis sie gar sind. Die Bratwürste werden erst zuletzt in Butter gebraten. Die Markknochen lässt man in der Bouillon ziehen, bis sie eben gar sind. Was man nicht bekommen kann, ersetzt man durch Ähnliches. Genaue Garzeiten lassen sich nicht angeben. Die Fleischbeilagen werden abgetropft und auf die Unterlage des gewählten Gemüses garniert. Als Beilage reicht man Pell- oder Salzkartoffeln sowie Senf. Berner Platte ist eine der wenigen Schweizer Spezialitäten, zu denen auch Bier getrunken werden kann.

Suppe mit Spatz

Als Napoleon seinen Lebensabend im Zwangsasyl auf der entlegenen Insel St. Helena verbrachte, füllte er seine viele Freizeit damit aus, militärische Weisheiten aus seiner kriegerischen Laufbahn zu Papier zu bringen. Seine Absicht war, wichtige Erfahrungen an kommende Heerführer weiterzugeben. Die kommenden Heerführer kümmerten sich natürlich keinen Deut um Napoleons Erfahrungen, sondern machten lieber eigene Fehler. Eine der Weisheiten aus Napoleons Schriften lautet: „Offiziere sollen mit der Mannschaft essen." Gegen wenige militärische Maximen wurde seither so viel verstossen wie gegen diese. In der Schweizer Armee ist es immerhin so, dass Offiziere die gleiche Kost bekommen wie alle anderen Wehrmänner, die mit ihnen Dienst tun. Eine der beliebtesten Speisen ist dabei: Suppe mit Spatz. Die Suppe ist Bouillon. Der Spatz ist kein Vogel, sondern ein Stück Kuhfleisch in Spatzengrösse. Das bekommen Offiziere, Unteroffiziere und Soldaten meistens am ersten Diensttag, und dann schmeckt die Suppe mit Spatz besonders gut. Erstens haben alle Hunger. Zweitens hat man's lange nicht mehr gegessen, drum hat es fast den Reiz der Neuheit. Drittens kommt man vor lauter Arbeiten erst spät zum Essen, und dann ist selbst das Fleisch der ältesten Kuh wirklich gar. Das Rezept für Suppe mit Spatz (zivile Version) lautet:

800 g Rindfleisch für Suppe, 200 g Kohl, 200 g Lauch, 200 g Knollensellerie, 200 g Karotten, 2 Zwiebeln, 2 Lorbeerblätter, 2 Gewürznelken, Pfeffer, Salz

Das Fleisch wird in 8 Portionen à 100 g geschnitten. In einem geräumigen Topf 2 l Wasser mit Salz und Pfeffer aufkochen, das Fleisch hineingeben. 1 Stunde lang köcheln. Den Schaum jeweils entfernen. Die sehr klein geschnittenen Gemüse zugeben, ebenso die Gewürze. Nochmals 1 Stunde lang köcheln. Mit Salz abschmecken. Servieren und kräftiges Graubrot dazu reichen; es braucht nicht sehr frisch zu sein. Kommissbrot eignet sich keinesfalls – dann schon lieber Pariserbrot. Der Schweizer Soldat hat seine eigenen Vorstellungen von Brot, nicht wahr ...

Pot-au-Feu

Eine gewisse Ähnlichkeit mit Suppe und Spatz hat ein Eintopf-Gericht, das vor allem in der französisch sprechenden Schweiz beliebt ist und Pot-au-Feu heisst. Nur ist es viel, viel vornehmer. Man kocht es in eigens für diesen Zweck angefertigten Töpfen, die meistens aus emailliertem Eisen bestehen und bauchig sind, sich nach oben aber verengen. Man kann Pot-au-Feu natürlich auch in Edelstahltöpfen kochen. Nicht geeignet ist Aluminium. So macht man's:

750 g Rindfleisch zum Sieden, 200 g Karotten, 500 g festkochende Kartoffeln, 1 Zwiebel, 1 Knollensellerie, 1 Weisskohl, 4 Lauchstangen, 4 Markknochen, 2 Lorbeerblätter, 4 Nelken, 10 Pfefferkörner, Salz

Im passenden Topf, der einen dicht schliessenden Deckel haben muss, 1½ l Wasser mit Salz zum Kochen bringen. Das Fleisch, die Lorbeerblätter, Gewürznelken und Pfefferkörner zugeben. 1 Stunde lang zugedeckt sieden. Den Schaum abnehmen. Dann die geviertelte Zwiebel, den fingerlang geschnittenen Lauch, die geviertelte Sellerie und den geviertelten Weisskohl zugeben. Zum Kochen bringen und nochmals 1½ Stunden zugedeckt köcheln. Dann die dick gescheibelten Kartoffeln sowie Karotten zugeben. Wenn die Kartoffeln fast gar sind, gibt man die Markknochen in den Topf und schmeckt mit Salz ab. Im Topf servieren. Man kann auch die Suppe zuerst reichen, nachdem man Gemüse sowie Fleisch herausgenommen und auf eine heisse Platte gelegt hat.

Tessiner Osso Bucco

Die Tessiner Küchen haben aus dieser Mailänder Spezialität etwas Eigenes gemacht. Die Eigenheit besteht vor allem im Wein, den sie verwenden: Merlot aus dem Tessin. Ein kräftiger Rotwein von dunkler Farbe. Man könnte Tessiner Osso Bucco noch besser zubereiten, wenn man statt Merlot den Rotwein aus den alten Tessiner Trauben bekäme, aus der Sorte Bòndola. Doch den kann man kaum mehr auftreiben. Er lässt sich jedoch ersetzen durch Merlot aus Südamerika oder durch einen Côtes-du-Rhône. So macht man Tessiner Osso Bucco:

4 Beinscheiben, 6 vollreife Tomaten, 4 Zwiebeln, 2 Knoblauchzehen, 50 g Butter, 4 Esslöffel Olivenöl, 4 Salbeiblätter, ½ Zitrone, 1 Bündel Petersilie, Bouillon, 2 dl Merlot, 1 Rosmarinzweig, Salz, Pfeffer, Mehl

In einer grossen Kasserolle die Butter und das Öl heiss machen. Die Beinscheiben in Mehl wenden und allseitig anbraten. Mit Merlot ablöschen, salzen und pfeffern, Salbei und Rosmarinzweig beifügen. 1 Stunde zugedeckt köcheln. Dann etwas einkochen, die geschälten, entkernten und grobgeschnittenen Tomaten sowie die grobgehackten Zwiebeln zugeben. Nochmals 1 Stunde köcheln. Petersilie klein hacken, Knoblauch zerdrücken, Zitronenschale reiben. Zusammen mit 2 dl Bouillon einrühren. Bei grosser Hitze aufkochen und die Sauce eindicken. Im Topf servieren. Frisches, warmes Weissbrot dazu reichen.

Coniglio in Umido

Das Kaninchen ist im Tessin das Schwein des kleinen Mannes – und kleine Männer gibt's im Tessin viele. Deshalb werden an Festtagen Kaninchen in Mengen vertilgt. Eines der besten Rezepte ist dieses Ragoût aus Kaninchenfleisch, das zusammen mit viel Polenta auf den Tisch kommt. Das Rezept:

2 kg Kaninchenfleisch, 100 g gesalzener, ungeräucherter Speck, 1 Zwiebel, 50 g Butter, Mehl, 2 Lorbeerblätter, Majoran, Bouillon, 1 dl trockener Weisswein, 1 dl trockener Marsala-Wein, Salz, Pfeffer

Das Fleisch in mundgerechte Stücke schneiden und in Mehl wenden. In einer Kasserolle die Butter heiss machen und das Fleisch darin allseitig anbraten. Die kleingehackte Zwiebel und den gewürfelten Speck einmischen, mit 1 gestrichenen Esslöffel Mehl bestäuben. Mit Wein und Marsala ablöschen. 30 Minuten zugedeckt köcheln. Lorbeer und Majoran zugeben, so viel Bouillon einfüllen, dass alles Fleisch bedeckt ist, pfeffern. Zugedeckt 2 Stunden köcheln. Falls die Sauce noch zu dünn ist, ohne Deckel aufkochen und die Sauce eindicken. Mit Salz abschmecken und servieren.

Schweinsvoressen

Ein seltsamer Name verwirrt manche Ausländer in der Schweiz, wenn sie eine Speisekarte lesen und darauf „Schweinsvoressen" finden. Das ist aber keineswegs Schweinefutter, sondern ein sehr wohlschmeckendes Ragoût, das in der ganzen Schweiz gerne gegessen wird. In Genf gibt es eine eigene Version, die mir etwas zu barbarisch vorkommt. Ich ziehe andere Zubereitungsarten vor, so zum Beispiel diese:

750 g Schweinehals, ¼ Sellerieknolle, 1 Zwiebel, 1 Knoblauchzehe, 1 Karotte, Mehl, 50 g Schweineschmalz, ½ l Rotwein (Beaujolais), 2 Nelken, 2 Lorbeerblätter, 10 Korianderbeeren, Salz, Pfeffer, 1 dl Vollrahm

Das Fleisch wird in mundgerechte Würfel geschnitten. Die Karotte scheibeln, die Sellerie klein würfeln, die Zwiebel grob hacken, die Knoblauchzehe zerdrücken. Alle Gemüse samt den Gewürzen im Rotwein aufkochen und in eine Porzellanschüssel geben. Das Fleisch einlegen. Es soll bedeckt sein – andernfalls noch etwas Wein zum Kochen bringen und zugiessen. 4 Tage ziehen lassen. Mehrmals wenden.

Dann das Fleisch herausnehmen, abtropfen und in Mehl wenden. Das Schmalz in einer Kasserolle erhitzen und das Fleisch darin rundherum anbraten. Die Marinade zum Kochen bringen und auf die Hälfte einkochen. Durch ein Sieb zum Fleisch giessen. Salzen

und pfeffern. 2 Stunden lang zugedeckt auf kleiner Hitze lassen. Das Fleisch herausnehmen und warm halten. Den Rahm in die Sauce rühren, abschmecken, nicht ganz bis zum Kochen erhitzen und das Fleisch wieder zugeben. In der Kasserolle servieren. Mit Rösti, Kartoffelbrei oder Polenta begleiten.

Cordon Bleu

In Frankreich gab es bis zur Revolution von 1789 den „Ordre du St. Esprit", eine Vereinigung der vornehmsten Adeligen des Landes, die unter anderem ein blaues Band trugen – „un cordon bleu". Nach ihm wurden besonders vornehme Mahlzeiten mit „Mahlzeit mit blauem Band" bezeichnet. Später schränkte sich die Bezeichnung auf eine einzige Speise ein – auf ein Schweineschnitzel, das ein Küchenchef aus dem Kanton Wallis erfand. Zubereiten tut man's so:

4 dick geschnittene Schweineschnitzel, 4 Scheiben gekochter Schinken, 4 Scheiben Gruyère, Mehl, 2 Eier, Paniermehl, Salz, Pfeffer, 50 g Butter

Die Schweineschnitzel werden mit einem scharfen, spitzen Messer auf einer Seite eingeschnitten, so dass sich eine Tasche in ihnen bildet. In sie schiebt man je eine Scheibe Schinken und Käse, pfeffert leicht und verschliesst die Tasche mit einem hölzernen Zahnstocher. Die Schnitzel salzen und pfeffern, in Mehl wenden, dann in den verquirlten Eiern und schliesslich in Paniermehl. Die Butter erhitzen und die Schnitzel darin erst auf einer, dann auf der anderen Seite braten. Mit der Butter übergossen auf heisser Platte servieren und Zitronenviertel dazu reichen. Als Beilage eignet sich eine Rösti.

Man kann auch Kalbsschnitzel verwenden. Eine wohlschmekkende Variante: die Schnitzel werden zuerst 1 Stunde lang in Walliser Malvoisie-Wein mariniert. Das ist ein Pinot Gris mit viel echter Restsüsse – der einzige süsse einheimische Wein, der dem Schweizer Geniesser zusagt.

Notizen & weitere Rezepte:

fig. 14

Süsses aus Schweizer Küchen

Meiringen

Basler Brunsli

Eine ganze Reihe von Schweizern hat die Tafelschokolade erfunden und weltweit bekannt gemacht. Ihre Namen stehen noch heute auf den Packungen. Wenn man aber bei Rezepten nach Schokoladenspeisen sucht, die es nur in der Schweiz gäbe, wird man enttäuscht. Es gibt keine. Natürlich haben Schweizer Konditoreien ihre eigenen Rezepte, aber die gehören nicht zur Küche der Hausfrauen. Nur gerade ein Rezept mit Schokolade hat es zur Volkstümlichkeit gebracht: Basler Brunsli. Das ist ein typisches Weihnachtsgebäck, einfach zu machen – aber es erfordert genaue Beachtung des Rezeptes. So lautet das:

500 g geriebene Mandeln, 400 g Zucker, 200 g dunkle Schweizer Schokolade, 2 Esslöffel ungesüsstes Kakaopulver, 1 Mokkalöffel Zimtpulver, 1 Prise Muskatblüte-Pulver, 3 Esslöffel Kirschwasser, 2 Eiweiss, grobkörniger Zucker

In einer Schüssel Mandeln, Zucker, Schokolade, Kakao, Gewürze mit dem Kirsch mischen. Die geschlagenen Eiweiss unterziehen. Das Backbrett mit grobem Zucker bestreuen und den Teig darauf 1 cm dick ausrollen. Mit Formen Figuren ausstechen – keine komplizierten, weil der Teig dazu nicht hart genug wird. Auf ein gut gefettetes Backblech mit fingerbreiten Zwischenräumen verteilen und mindestens 2 Stunden bei Zimmertemperatur trocknen lassen. Bei höchstens mittlerer Hitze im Ofen kurz backen. Die Brunsli sollen noch weich sein und keine Farbe annehmen. Vorsichtig vom Blech lösen, abkühlen lassen und dann sofort in Blechdosen füllen. Wer's mag, kann den Teig vor dem Ausstechen noch mit grobem Zucker bestreuen.

Basler Leckerli

Die bekannteste Süssigkeit der Schweiz sind natürlich die Basler Leckerli. Sie wurden vor 550 Jahren erfunden, als in Basel ein Konzil tagte und dessen Teilnehmer etwas zum Knabbern während der anstrengenden Sitzungen brauchten. Da sie alle viel Geld hatten – sie reisten auf Spesen – erfanden Basler Lebkuchenbäcker ein Gebäck, das alles Teure der damaligen Zeit enthielt, vom Honig bis zum Zucker, mitsamt Gewürzen und kandierten Früchten und Mandeln und so. Diese „Leckerli" wurden ein ungeheurer Erfolg – und seither werden sie in Basel in grossen Mengen hergestellt. Gewiss, man kann auch zuhause etwas backen, das mit echten Leckerli gewisse Ähnlichkeiten aufweist. Aber richtige Leckerli werden diese Backwaren nie. Ich bringe deshalb auch kein Rezept für Leckerli. Beziehen Sie die Basler Leckerli lieber bei einem Basler Spezialisten, vor allem beim „Läckerlihuus" an der Gerbergasse. Dann bekommen Sie richtige Leckerli, und nicht etwas Halbbatziges – so nennt man in Basel einen Ersatz, der das Original an Qualität nicht erreicht.

Haselnussleckerli

Eine andere Schweizer Süssigkeit lässt sich hingegen leicht backen: Haselnussleckerli. Sie heissen so, obschon sie auch Mandeln enthalten. So macht man sie:

150 g gemahlene Haselnüsse, 150 g gemahlene Mandeln, 250 g Zucker, 10 g gehacktes Angelica, 10 g gehacktes Zitronat, 10 g gehacktes Orangeat, 10 g gehackte kandierte Kirschen, Honig, 3 Eiweiss, Puderzucker, Zitrone

Die Eiweiss zu Schnee schlagen. Für die Glasur Puderzucker und Zitronensaft mischen. Alle festen Zutaten vermengen und mit Honig zu einem nicht zu weichen Teig rühren. Die Eiweiss unterziehen und den Teig halbfingerdick ausrollen. Auf ein gefettetes Blech mit genügend Zwischenraum legen und im wenig heissen Ofen mehr trocknen als backen. Noch heiss mit der Glasur überziehen. Sobald die Haselnussleckerli abgekühlt sind, in eine Blechdose geben. Sie halten sich etwa eine Woche.

Meringues

Um die Ehre, Geburtsort des Dichters Homer zu sein, streiten sich sieben Städte. Die Ehre, dass in ihren Mauern die ersten Meringues gebacken wurden, beanspruchen nur drei Orte. Einer davon ist Meiringen im Berner Oberland. Die anderen beiden zählen für die Schweiz nicht, weil sie im Ausland liegen. Meringues müssen jedenfalls an einem Ort entstanden sein, wo ein Bäcker sehr viele Eigelb brauchte, aber nur wenig Eiweiss. Er stand so ständig vor dem Problem: was tun mit dem Eiweiss? An diesem Ort muss es auch viel Rahm gegeben haben, denn Meringues sind mit Schlagrahm aufs engste verbunden, und der ist im Berner Oberland eines der beliebtesten Desserts. Ob's in Meiringen war, wo die ersten Meringues auf den Tisch kamen, oder anderswo – fest steht, dass Meringues mit Schlagrahm zur Schweizer Küche gehören wie Weisswürste nach München.

Meringues zu machen, ist leicht:

4 Eiweiss, 200 g Zucker

Das Eiweiss wird in einer Schüssel geschlagen. Sobald es fester zu werden beginnt, gibt man nach und nach Zucker zu. Immer weiter schlagen! Die letzten 50 g Zucker mischt man erst ein, wenn der Eierschnee fest geworden ist. Inzwischen heizt man den Backofen auf die niedrigste Temperatur vor. Mit einem Dressiersack gibt man den Eierschnee auf ein Blech, das mit Mehl eingepudert wurde. Die einzelnen Meringues dürfen nicht zu nahe beieinander auf dem Blech liegen, damit die Wärme sie überall gleichmässig erreicht. Das Blech lässt man so lange im Ofen, bis die Meringues getrocknet sind. Dabei soll die Ofentüre nicht vollständig geschlossen werden. Die Meringues dürfen nur ganz wenig Farbe annehmen. Das Trocknen kann bis zu 1 Stunde dauern.

Dann die Schalen vom Blech nehmen und erkalten lassen. Möglichst sofort verwenden – oder in einer gut schliessenden Blechbüchse aufbewahren. Nicht zu lange! Zum Genuss gibt man jeweils zwischen zwei Schalen Schlagrahm. In der Schweiz pflegt die Schlagrahmportion riesig zu sein. Gibt man zwischen die Schalen eine Kugel Eis und dann erst den Schlagrahm, so heisst das Dessert: Meringue glacée. Unschön geratene Meringues kann man in Stücke brechen, die man mit Schlagrahm mischt. Damit überzieht man Speiseeis und bekommt so eine sehr wirkungsvolle Abfallverwertung...

Plattenmues

Die in Frankreich so beliebten Karamelköpfchen, die fast in jedem Restaurant angeboten werden (man macht sie leider meistens aus fertig gekauften Halbfabrikaten), haben in der Schweizer Küche etwas Verwandtes. Das heisst Plattenmues. Es wird weder in einer Platte zubereitet, noch ist es ein Mus, aber die Schweizer Dialekte haben eben so ihre Eigenheiten. Man benötigt eine flache Form aus feuerfestem Material und folgende Zutaten:

5 Eier, 2 dl Milch, 1 dl Vollrahm, 250 g Zucker,
50 g Butter

In einer Stielpfanne schmilzt man die Butter und gibt 200 g Zucker hinein, der unter ständigem Rühren karamelisiert wird. Sofort in die feuerfeste Form giessen und rütteln, damit der ganze Boden bedeckt wird. In einer Schüssel die Eier mit 50 g Zucker verquirlen, dann die Milch und den Rahm einrühren und die Mischung in die Form giessen. In eine grössere Schüssel stellen, in die heisses Wasser gegeben wird, beides zusammen in den Backofen stellen und bei mittlerer Hitze backen, bis die Oberfläche leicht angebräunt ist. Mit Hilfe einer eingesteckten Gabel kann man feststellen, ob das Innere fest ist. Wenn ja: herausnehmen, abkühlen lassen und erst dann stürzen. Das Stürzen ist meistens mit Schwierigkeiten verbunden – deshalb lieber zweimal probieren, bevor man das Plattenmues seinen Gästen vorsetzt!

Osterfladen

Zwischen Fastnacht und Ostern gibt es in der deutschsprachigen Schweiz ein Gebäck, das Osterfladen heisst. Es besteht aus Blätterteig-Törtchen, die mit einer Eiermischung gefüllt werden. Für die Füllung gibt es die verschiedensten Rezepte. Gemeinsam haben sie alle, dass Reis oder Griess eingemischt wird, damit man nicht so viele teure Eier benötigt. Ein gutes Rezept ist das folgende:

1 Paket fertig gekaufter Blätterteig, ½ l Milch, 100 g Zucker, 100 g Griess, 5 Eier, 1 dl Vollrahm, 50 g Mandeln, 5 Bittermandeln, 3 Esslöffel Maraschino, 50 g Sultaninen, Rum, Butter

Die Milch mit dem Zucker in einem Topf zum Kochen bringen. Den Griess langsam einfliessen lassen. Ständig rühren, bis er sich vom Topf zu lösen beginnt. Etwas abkühlen lassen. Die Eier trennen. Eigelb mit einer Prise Salz, dem Rahm, den gemahlenen süssen und bitteren Mandeln und dem Maraschino vermischen. Langsam in den Griessbrei mengen. Die Sultaninen vorher 2 Stunden lang in Rum einlegen. Jetzt abtrocknen und einmischen. Die Eiweiss zu Schnee schlagen und unterziehen. Den Blätterteig dünn ausrollen und damit kleine Tortenformen, die mit Butter ausgestrichen wurden, belegen. Die Griessmasse einfüllen. Im mittelheissen Ofen backen, bis die Füllung goldgelb geworden ist. Etwas abkühlen lassen, mit Zucker bestreuen und noch warm servieren.

Tarte au Vin – Weintorte

Am Genfersee, wo Wein ständig zum Kochen verwendet wird, gibt es diese süsse Speise. Man benötigt dafür einen „geriebenen Teig", den man am besten fertig kauft. Er muss aber mit Butter hergestellt sein, nicht mit irgendeinem anderen Fett!

Geriebener Teig für ein Backblech, 250 g Zucker, 2 dl Waadtländer Weisswein (Chasselas), 50 g Butter, 1 Mokkalöffel Zimtpulver, Mehl

Das mit Butter eingestrichene Backblech wird mit dem dünn ausgerollten Teig belegt. Die Ränder gut hochziehen! Mit der Gabel mehrmals durchstechen, damit der Teig beim Backen keine Blasen wirft. Den Boden mit Mehl gleichmässig bestreuen. 100 g Zucker auf dem Boden verteilen. Den Zimt mit dem Rest Zucker mischen und mit dem Wein vermengen. Sofort auf den Boden streichen, bevor der Zucker sich gelöst hat. Die Butter in Flocken darüber verteilen. Den Ofen mit starker Hitze vorheizen. Den Kuchen so lange bei kräftiger Oberhitze backen, bis der Wein verdunstet und der Zucker stellenweise karamelisiert ist. Vorsicht, der Teig darf nicht zu dunkel werden! Heiss servieren.

Tirggel

In Zürich gibt es ein seltsames Gebäck: Tirggel. Es besteht aus einem Teig, der sehr hart wird und die Eigenschaft hat, das Relief von Holzformen gut anzunehmen. Die Formen werden mit allerlei Bildern vertieft beschnitzt. Man kann natürlich auch andere Techniken anwenden, zum Beispiel mit einem gewellten Rädlein Muster einrollen, mit einer Gabel Wellenlinien zeichnen oder was einem sonst noch so einfällt. Der Teig für Tirggel:

200 g Zucker, 200 g Honig, Mehl

Zucker und Honig werden gemischt. Dann knetet man so viel Mehl ein, dass ein dicker Teig entsteht. Er wird sehr dünn ausgerollt und mit einem Muster versehen. Es sollen dabei Platten von etwa Spielkartengrösse entstehen, die man mit einem Messer geradeschneidet. Auf einem mit Butter bestrichenen und mit Mehl bestäubten Backblech bei sehr grosser Oberhitze im Ofen kurz backen. Die Tirggel müssen auf der Oberseite goldbraun und auf der Unterseite noch hell sein. Abkühlen lassen und in einer Blechbüchse zum Genuss aufbewahren. Man bricht davon kleine Stücke ab und lässt sie auf der Zunge zergehen. Eine Geduldsprobe, aber sie lohnt sich. In alten Rezepten heisst's, dass man dem Zucker zuvor Zimt und/oder Ingwerpulver zugeben soll. Auch andere Gewürze lassen sich verwenden. Probieren Sie aus, was Ihnen am besten schmeckt!

Rahmdäfeli

In den milchreichen Gegenden der Schweiz gibt es diese sehr beliebte Art der Karamellen, je nach Landesgegend heissen sie auch Rahmzeltli, Nideldäfeli, Nidledäfeli und so. So gut sie schmecken, so einfach sind sie zu machen. Man braucht:

2½ dl Milch, 2½ dl Vollrahm, 500 g Zucker

In einem nicht zu niedrigen Topf werden alle Zutaten auf grosser Flamme aufgekocht. Ständig mit einem Holzlöffel rühren. Das Rühren so lange fortsetzen, bis die Masse braun geworden ist. Auf ein gut eingeöltes Backblech giessen, glattstreichen und mit einem Messer die noch heisse Masse in kleine Quadrate schneiden. Am besten beginnt man am Rand und schiebt die Stücke etwas auseinander, damit sie nicht wieder zusammenkleben. Sobald die Karamellen kalt sind, gibt man sie in eine Blechdose. Man kann die Masse kurz vor dem Stürzen mit Vanille oder etwas Instant-Kaffee-Pulver parfümieren.

Notizen & weitere Rezepte:

fig . 15

Register

Der Rheinfall bei Schaffhausen